Alexandre Fernandes de Moraes

Redes de Computadores

2ª EDIÇÃO

Av. Paulista, 901, 3º andar
Bela Vista - São Paulo - SP - CEP: 01311-100

SAC Dúvidas referentes a conteúdo editorial, material de apoio e reclamações: sac.sets@somoseducacao.com.br

Direção executiva	Flávia Alves Bravin
Direção editorial	Renata Pascual Müller
Gerência editorial	Rita de Cássia S. Puoço
Aquisições	Rosana Ap. Alves dos Santos
Edição	Paula Hercy Cardoso Craveiro
	Silvia Campos Ferreira
Produção editorial	Laudemir Marinho dos Santos
Projetos e serviços editoriais	Breno Lopes de Souza
	Josiane de Araujo Rodrigues
	Kelli Priscila Pinto
	Laura Paraíso Buldrini Filogônio
	Marília Cordeiro
	Mônica Gonçalves Dias
Revisão	Gilda Barros
Diagramação	Villa d'Artes Soluções Gráficas
Imagem de capa	iStock/GettyImagesPlus/bluebay2014
Impressão e acabamento	Bartira

DADOS INTERNACIONAIS DE CATALOGAÇÃO NA PUBLICAÇÃO (CIP)
ANGÉLICA ILACQUA CRB-8/7057

Moraes, Alexandre Fernandes de
  Redes de computadores / Alexandre Fernandes de Moraes. – 2. ed. – São Paulo : Érica, 2020. (Série Eixos)
  160 p.

  Bibliografia
  ISBN 978-85-365-3314-8

  1. Redes de computadores 2. Comunicações digitais 3. Sistemas de comunicação sem fio 4. Sistemas de transmissão de dados I. Título

20-1669   CDD 004.6
                                           CDU 004.7

Índice para catálogo sistemático:
1. Redes de computadores

Copyright © Alexandre Fernandes de Moraes
2020 Saraiva Educação
Todos os direitos reservados.

2ª edição
2020

Nenhuma parte desta publicação poderá ser reproduzida por qualquer meio ou forma sem a prévia autorização da Saraiva Educação. A violação dos direitos autorais é crime estabelecido na Lei n. 9.610/98 e punido pelo art. 184 do Código Penal.

| CO | 700894 | CL | 642548 | CAE | 727299 |

AGRADECIMENTOS

Inicialmente, agradeço à minha família, em especial à minha esposa Márcia e aos meus adorados filhos Guto e Sofia, pela compreensão pela minha dedicação a este trabalho no meu tempo livre.

À Editora Érica, pela parceria há mais de dez anos, pela oportunidade, pela persistência e pelo incentivo.

A Roman Baudrit, meu colega de trabalho de longa data e atual diretor, que me deu uma oportunidade única de desenvolver uma carreira internacional na Hewlett Packard.

A todos meus colegas professores da Fundação Instituto de Ensino para Osasco (Unifieo), em especial à minha coordenadora Regiane Romano, por toda compreensão e apoio à minha carreira acadêmica e profissional.

A todos os meus alunos e ex-alunos do Unifieo, pela oportunidade de aprender e compartir os conhecimentos deste livro nos últimos anos.

SOBRE O AUTOR

Alexandre Fernandes de Moraes é engenheiro, mestre em Segurança da Informação pela Escola Politécnica da Universidade de São Paulo (Poli/USP), pós-graduado em Redes de Computadores pelo Laboratório de Arquitetura e Redes de Computadores (Larc/Poli/USP), pós-graduado em Redes de Computadores pelo Larc/Poli/USP, pós-graduado em Administração de Empresas pela Fundação Getulio Vargas (FGV/SP), CISSP (Certified Information Systems Security Professional), Certified Ethical Hacking e GCIH (Giac Certified Incident Handling) pelo SANS Institute.

Atua há 25 anos em projetos de redes corporativas, backbones e segurança. Desenvolveu sua experiência profissional em empresas nacionais e multinacionais, como Cylance, Thales Group, HP TippingPoint, McAfee, Lucent Technologies, Prolan, Hitech e Anixter do Brasil. Atualmente, é gerente técnico para América Latina na Cylance e docente licenciado dos cursos de graduação e pós-graduação do Centro Universitário Unifieo (Fundação Instituto de Ensino para Osasco). Autor de diversos livros na área de redes de computadores e segurança de redes, publicados pela Editora Érica. Possui vários cursos de especialização em redes e segurança nos Estados Unidos e já palestrou em eventos de segurança nos Estados Unidos, no México, na Venezuela e no Chile.

ESTE LIVRO POSSUI MATERIAL DIGITAL EXCLUSIVO

Para enriquecer a experiência de ensino e aprendizagem por meio de seus livros, a Saraiva Educação oferece materiais de apoio que proporcionam aos leitores a oportunidade de ampliar seus conhecimentos.

Nesta obra, o leitor que é aluno terá acesso ao gabarito das atividades apresentadas ao longo dos capítulos. Para os professores, preparamos um plano de aulas, que o orientará na aplicação do conteúdo em sala de aula.

Para acessá-lo, siga estes passos:

1. Em seu computador, acesse o link: **https://somos.in/RD02**
2. Se você já tem uma conta, entre com seu login e senha. Se ainda não tem, faça seu cadastro.
3. Após o login, clique na capa do livro. Pronto! Agora, aproveite o conteúdo extra e bons estudos!

Qualquer dúvida, entre em contato pelo e-mail **suportedigital@saraivaconecta.com.br**.

APRESENTAÇÃO

Este livro é resultado da minha experiência em sala de aulas, em especial da disciplina de Redes de Computadores. O intuito é preparar técnicos e tecnólogos para iniciar uma carreira em Redes de Computadores com os fundamentos e conceitos.

Nos Capítulos 1 e 2 são tratados temas como os meios físicos e as principais mídias de transmissão, complementando com as técnicas de transmissão de dados analógica e digital, modificação, codificação e multiplexação.

O Capítulo 3 é dedicado a redes locais e sua importância e ao Modelo de Referência OSI, que é a base para qualquer profissional da área de redes.

O Capítulo 4 trata de normas e convenções de redes, em especial ao padrão Ethernet; enquanto o Capítulo 5 trata do cabeamento estruturado e seus conceitos.

A camada de rede é detalhada no Capítulo 6, que trata do protocolo mais utilizado no mundo: o TCP/IP e as técnicas de roteamento.

O Capítulo 7 explica a mobilidade/redes sem fio e o Capítulo 8 define as aplicações em rede.

Nesta segunda edição, foram inserido novos tipos de cabeamento, interfaces seriais de alta velocidade (USB). Descreveu-se o IP versão 6 e os novos padrões de Wireless 802.11 (ax, ac, ad e af). Também foi inserido o Capítulo 9, sobre sistemas em cloud.

Ao final de cada capítulo são disponibilizados exercícios e atividades complementares, que contribuem para a fixação do conteúdo.

Boa leitura!

O autor

SUMÁRIO

Capítulo 1 - Meios Físicos (Mídias de Transmissão) 17

    1.1 O que são mídias de transmissão? 17

        1.1.1 Cabeamento 19

    1.2 Wireless - redes sem fio 26

    Agora é com você! 29

Capítulo 2 - Técnicas de Transmissão de Dados 31

    2.1 Modelo de comunicação 31

        2.1.1 Transmissão analógica 32

        2.1.2 Transmissão digital 33

    2.2 Modulação e codificação 34

        2.2.1 Tipos de modulação 35

        2.2.2 Codificação 37

        2.2.3 Degeneração dos sinais 37

    2.3 Transmissão de sinais 38

        2.3.1 Transmissão síncrona 39

        2.3.2 Transmissão assíncrona 39

    2.4 Capacidade de largura de banda 40

    2.5 Multiplexação 41

        2.5.1 Multiplexação por divisão de frequência (frequency division multiplexing) 42

        2.5.2 Multiplexação por divisão de tempo (time division multiplexing) 42

        2.5.3 Multiplexação por divisão de tempo estatístico (statistical time division multiplexing) 43

        2.5.4 Multiplexação CDMA (Code Division Multiplex Access) 43

        2.5.5 Multiplexação OFDM (Orthogonal Frequency Division Multiplexing) 44

    Agora é com você! 46

Capítulo 3 - Arquitetura de Redes e Modelo de Referência 47

    3.1 Conceitos básicos 47

        3.1.1 O que é rede local? 47

3.1.2 Histórico e benefícios da rede ... 48

3.1.3 Comunicação de dados e redes de computadores ... 49

3.2 Padrões de rede ... 50

3.2.1 Camada física ... 51

3.2.2 Camada enlace ... 52

3.2.3 Camada rede ... 52

3.2.4 Camada transporte ... 53

3.2.5 Camada sessão ... 53

3.2.6 amada apresentação ... 53

3.2.7 Camada aplicação ... 53

3.3 Métodos de transporte ... 54

3.4 Topologias ... 54

3.4.1 Barramento ... 55

3.4.2 Anel ... 55

3.4.3 Estrela ... 56

3.4.4 Topologias híbridas ... 57

3.5 Dispositivos de rede ... 59

3.5.1 Placa adaptadora de rede ... 59

3.5.2 Hub ... 60

3.5.3 Switch ... 61

3.5.4 Estação cliente ... 61

3.5.5 Estação servidora ... 62

3.5.6 Estação de gerência ... 63

Agora é com você! ... 65

Capítulo 4 - Normas e Convenções de Redes ... 67

4.1 Órgãos de padronização ... 67

4.1.1 Padronização da indústria ... 68

4.1.2 Padronização de fato ... 71

4.2 Padronização de interfaces DTE/DCE ... 71

4.3 Dispositivos de comunicação e padrões ... 75

4.4 Ethernet ... 78

4.4.1 Endereçamento MAC 80

4.4.2 Método de acesso ao meio 80

4.4.3 Frame Ethernet 82

Agora é com você! 84

Capítulo 5 - Sistemas de Cabeamento Estruturado 85

5.1 Cabeamento 85

5.1.1 Planejamento para o cabeamento estruturado 87

5.2 Principais componentes do cabeamento estruturado 89

5.2.1 Cabeamento horizontal 90

5.2.2 Cabeamento vertical 92

5.2.3 Área de trabalho 94

5.2.4 Sala de equipamentos 95

5.3 Equipamento de testes de cabeamento estruturado 97

5.3.1 Testes em cabos de cobre 97

5.3.2 Teste em cabo de fibra óptica 98

Agora é com você! 99

Capítulo 6 - Protocolos e Roteamento 101

6.1 O que são protocolos? 101

6.1.1 Protocolos de aplicação 102

6.1.2 Protocolos de transporte 102

6.1.3 Protocolos de rede 103

6.1.4 Protocolos de redes locais 103

6.2 TCP/IP 103

6.2.1 Comparação entre o TCP/IP e o OSI 105

6.2.2 Endereçamento IP 105

6.2.3 Máscara de rede 106

6.2.4 Protocolos de transporte do TCP/IP 106

6.3 Roteamento 107

6.3.1 Roteadores 109

6.4 IP versão 6 112

Agora é com você! 115

Capítulo 7 - Redes Wireless Wi-Fi 117

7.1 Definição 117
7.2 Benefícios 118
7.3 Tipos de redes sem fio 118
7.3.1 Infravermelho 118
7.3.2 Radiofrequência (micro-ondas) ou Wi-Fi 119
7.3.3 Sistemas baseados em laser 121
7.4 Métodos de acesso 122
7.5 Alcance 123
7.6 Performance 123
7.7 Elementos da solução 124
7.8 Topologias da rede sem fio 126
7.8.1 Topologia estruturada 126
7.8.2 Topologia ad hoc 126
7.9 Padronização de redes wireless 126
7.10 Internet das Coisas (IoT) 132
Agora é com você! 134

Capítulo 8 - Aplicações em Rede 135

8.1 Sistemas operacionais em rede 135
8.1.1 Multitarefa 135
8.1.2 Componentes de software 136
8.1.3 Compartilhamento de recursos 137
8.1.4 Controle de usuários 137
8.1.5 Gerenciamento da rede 137
8.2 Modelo cliente-servidor 137
8.2.1 Arquitetura cliente servidor e banco de dados 138
8.2.2 Servidor de banco de dados 139
8.2.3 Mecanismo de comunicação cliente-servidor 140
8.2.4 Vantagens do modelo cliente-servidor 142
8.3 Modelo P2P (Peer to Peer) 142

8.4 Aplicações e protocolos 143

    8.4.1 FTP (File Transfer Protocol) 143

    8.4.2 TFTP (Trivial File Transfer Protocol) 143

    8.4.3 NFS (Network File System) 143

    8.4.4 Telnet 144

    8.4.5 SNMP (Simple Network Management Protocol) 144

    8.4.6 Correio eletrônico e o SMTP (Simple Mail Transfer Protocol) 144

    8.4.7 Hypertext Transfer Protocol (HTTP) 145

    8.4.8 Domain Name System (DNS) 147

    8.4.9 Dynamic Host Configuration Protocol (DHCP) 148

Agora é com você! 149

Capítulo 9 - Sistemas em Cloud (Nuvem) 151

9.1 Conceitos de arquitetura 151

9.2 Nuvens privadas 153

9.3 Nuvens públicas 153

9.4 Ambientes virtuais 154

9.5 Principais benefícios da arquitetura em cloud 155

9.6 Capacidade Ilimitada de armazenamento 155

9.7 Principais problemas da arquitetura em cloud 156

9.8 O futuro da computação em nuvem 157

Agora é com você! 158

Bibliografia 159

1

MEIOS FÍSICOS
(MÍDIAS DE TRANSMISSÃO)

PARA COMEÇAR

Este capítulo apresenta os principais meios físicos de transmissão (mídias de transmissão), de forma a permitir que o leitor possa compreender as principais diferenças entre esses meios, como são utilizados para a transmissão de dados e os principais benefícios do uso de cada uma dessas mídias.

1.1 O que são mídias de transmissão?

É o "meio" de transporte que permite transmitir dados. Os meios são os canais físicos que usamos para a realização da comunicação de dados. As mídias diferem entre si, basicamente, por:

- velocidades suportadas;
- suporte a conexões ponto a ponto ou ponto multiponto;
- imunidade a ruído;
- taxa de erros;
- disponibilidade;
- confiabilidade;
- atenuação;
- limitação geográfica.

Esses meios possuem características físicas específicas que interferem diretamente na velocidade da comunicação e na distância máxima do enlace de comunicação.

As principais mídias de comunicação que utilizamos são:

- **Par de cobre trançado:** para uso em ambiente de redes locais.

- **Cabos coaxiais:** para conexão de links de comunicação de dados E1/E3 (essas tecnologias permitem a conexão a 2 Mbps e 45 Mbps) e também nas redes locais, com base em barramento (essa tecnologia será apresentada no Item 3.4.1 deste livro).

- **Fibra óptica:** para os equipamentos de redes de longa distância e metropolitana, e nas redes locais quando a distância limite do cabeamento de cobre não permite alcançar determinado ponto com o qual desejamos nos comunicar.

- **Radiodifusão:** transmissão de dados via ondas de rádio.

- **Enlaces de micro-ondas:** para conectar localidades onde não existe a disponibilidade de cabos de cobre ou cabos ópticos.

- **Infravermelho:** usado principalmente para conectar dois edifícios próximos e para ambientes internos ou de escritório. Esse meio não pode ser usado em distâncias superiores a 50 metros. Existe ainda a necessidade de visada entre os equipamentos, ou seja, que as antenas estejam apontadas umas as outras sem que exista nenhum obstáculo no caminho.

- **Transmissão de ondas via satélite:** para localidades remotas, e que não haja outro meio de comunicação além do uso do satélite. Os satélites são usados, ainda, como redundância dos sistemas de comunicação por cabo, ou seja, caso o link de comunicação terrestre (cabo) fique indisponível, o satélite pode ser usado como alternativa.

Na verdade, para cada projeto existe um tipo de mídia ou um conjunto de mídias que podemos escolher. A opção pela mídia correta depende de uma análise técnica e financeira das soluções disponíveis.

Em geral, quando trabalhamos com uma rede de longa distância (WAN) que envolve diversos pontos dentro do País, ou mesmo no mundo, podemos utilizar inúmeras dessas mídias de forma transparente.

Case Empresa XYZ

A filial da Empresa XYZ no Brasil possui um escritório em São Paulo, que está conectado usando a mídia fibra óptica com o escritório no Rio de Janeiro. Já a conexão com a matriz da empresa nos Estados Unidos é feita pela mídia satélite. A empresa possui ainda um depósito localizado em uma região de difícil acesso no Rio de Janeiro, que está conectado ao escritório usando links de rádio de micro-ondas, e o usuário da rede do escritório utiliza a mídia cabo de par trançado para ler seus e-mails e trabalhar em rede.

Resumindo a história, quando trabalhamos com uma rede grande, como a Empresa XYZ, temos um ambiente heterogêneo, no qual só é possível a completa conexão de todas as unidades na rede da empresa a partir da utilização das diversas mídias de comunicação já citadas. Na Figura 1.1 podemos observar a rede da Empresa XYZ com as diversas mídias de comunicação.

Cada uma das mídias de transmissão apresenta vantagens e desvantagens. Qualquer que seja a mídia utilizada, o objetivo é o mesmo, ou seja, que o sinal digital 0 ou 1 seja convertido em ondas analógicas de acordo com o meio utilizado e chegue ao destino, sendo, então, decodificado novamente no sinal digital com a menor taxa de erros possível.

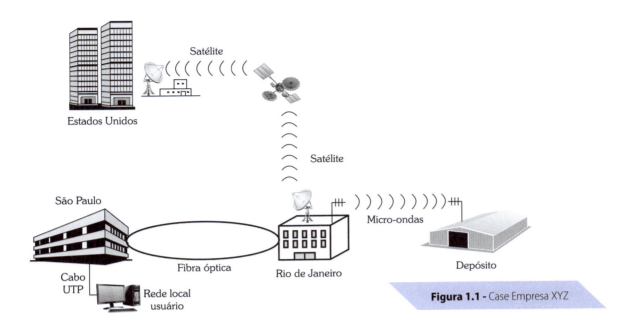

Figura 1.1 - Case Empresa XYZ

1.1.1 Cabeamento

O termo cabeamento é utilizado dentro de um conceito conhecido de cabeamento estruturado. O cabeamento estruturado é um padrão especificado pela norma EIA/TIA 568, em que são definidas as mídias de transmissão para as redes locais. As mídias definidas pela norma são:

- cabo coaxial fino com blindagem simples (10 Base 2);
- cabo coaxial grosso com blindagem dupla (10 Base 5);
- cabo STP (Shielded Twisted Pair) - cabo trançado blindado;
- cabo UTP de par trançado (10 Base T, 100 Base TX, 1000 Base TX);
- cabo de fibra óptica (10 Base F, 100 Base FX, 1000 Base LX, 1000 Base SX, 10000 Base LR, 10000 Base ER e 10000 Base ZR);
- wireless.

1.1.1.1 Cabo coaxial fino – 10 base 2

O cabo coaxial fino foi muito utilizado quando se iniciaram as redes locais em topologia de barramento, principalmente pela facilidade de expansão da rede e a melhor relação custo/benefício. Quando foram lançadas novas topologias baseadas em anel e estrela (as topologias de rede serão apresentadas no Capítulo 7), essa solução caiu em desuso. Com o advento do hub, a solução em estrela que utiliza cabos UTP acabou substituindo as instalações que usavam cabo coaxial fino.

A Figura 1.2 exibe o cabo coaxial fino junto com o conector em "T" empregado para conexão das placas de rede.

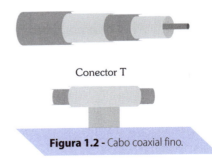

Figura 1.2 - Cabo coaxial fino.

As principais características desse tipo de cabo são:

- alcance máximo entre estações de 185 metros;
- velocidade máxima de transmissão de 10 Mbps;
- blindagem simples;
- resistência de 50 ohms;
- distância entre as estações de 0,5 metro ou múltiplos deste valor;
- utiliza conector BNC "T", que permite conectar a estação e o cabo;
- cabo com flexibilidade razoável;
- no máximo 30 computadores no barramento;
- indicado seu uso com o Ethernet.

1.1.1.2 Cabo coaxial grosso – 10 base 5

Esse cabo coaxial foi muito utilizado em redes de computadores em ambientes industriais sujeitos a interferências eletromagnéticas e, principalmente, onde a distância entre os equipamentos de rede seja superior a 200 metros. Como o cabo possui dupla blindagem, ele tem imunidade superior a interferências eletromagnéticas e, justamente pelo sinal elétrico nele ter maior rigidez, consegue alcançar distâncias maiores de até 500 metros entre as estações.

Com a evolução das redes, esse cabo foi sendo adotado no backbone das redes, principalmente, porque na época o custo do cabo de fibra óptica era muito elevado. Ainda é muito utilizado em ambiente industrial para redes específicas de chão de fábrica. A Figura 1.3 apresenta o cabo coaxial com dupla blindagem. Observe também o transceiver utilizado para ligar o cabo com um conector vampiro na placa de rede.

As principais características desse cabo são:

- alcance máximo entre estações de 500 metros;
- velocidade máxima de 10 Mbps;
- blindagem dupla;
- utiliza conector vampiro;
- distância entre as estações de 2,5 metros ou múltiplos deste valor;
- resistência de 50 ohms;
- boa imunidade a ruídos;
- cabo pouco flexível, o que dificulta a instalação;
- permite no máximo 100 computadores no barramento;
- utilizado tanto em redes Ethernet como token ring.

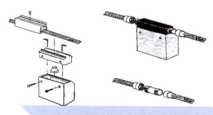

Figura 1.3 - Cabo coaxial grosso.

1.1.1.3 Cabo de par trançado blindado

É um tipo especial de par trançado, com excelente blindagem e imunidade a interferências eletromagnéticas. Devido a estas propriedades, é muito utilizado em transmissões de alta velocidade em longas distâncias.

A blindagem traz vantagens, mas também desvantagens, deixando o cabo mais grosso e menos flexível, tornando sua instalação mais difícil. Além disso, a blindagem chega a custar mais caro do que o cabo. Esse cabo era muito utilizado nos backbones das redes token ring. A Figura 1.4 apresenta o cabo STP.

Figura 1.4 - Cabo STP.

As principais características desse cabo são:

- alcance máximo entre estações de 150 metros;
- velocidade máxima de transmissão 100 Mbps;
- blindagem reforçada, o que garante excelente imunidade a ruídos;
- resistência de 150 ohms;
- cabo muito duro, o que dificulta a instalação;
- aplicado à rede token ring com velocidades de 4/16 Mbps.

1.1.1.4 Cabo UTP (unshielded twist pair) – 10 baseT/100 baseTX/1000 baseTX

O cabo de par trançado UTP possui fios de cobre recobertos por uma capa de vinil. Os fios são trançados entre si, de forma a torná-los menos sujeitos a ruído, especialmente o ruído de crosstalk (interferência cruzada). O cabo pode conter 1, 2, 4 ou 25 pares de fios de cobre. Devido à inexistência da blindagem, esses cabos são mais sujeitos a ruído.

O cabo de par trançado é o mais barato para aplicação em redes locais e, hoje em dia, é o mais utilizado. Com a invenção do hub e as topologias em estrela, esses cabos dominaram o mercado de cabeamento estruturado. A distância entre as estações e o hub ou switch é de até 100 metros e permite trabalharmos com velocidades escaláveis de 10 Mbps (Ethernet), 100 Mbps (Fast Ethernet) ou 1 Gbps (Gigabit Ethernet). Os cabos UTP possuem uma classificação especial, chamada de categorias, determinada de acordo com características de qualidade do cabo, como baixo crosstalk entre os pares, baixa atenuação (perda de potência do sinal pela resistência do cabo), largura da banda passante, indutância (interferência do campo magnético criado pelos cabos adjacentes) etc. De acordo com essa classificação, um cabo UTP pode ser:

- **Categoria 3:** apropriado para o uso em Ethernet na velocidade máxima de 10 Mbps.
- **Categoria 4:** apropriado para o uso em token ring com velocidades máximas de 16 Mbps.
- **Categoria 5:** para o uso com Fast Ethernet em redes com velocidades máximas de 100 Mbps.
- **Categoria 6:** para o uso com Gigabit Ethernet em redes com velocidades máximas de 1 Gbps.
- **Categoria 7:** para o uso com Gigabit Ethernet, permite trabalhar com frequências de até 600 MHz. Esse cabo é recomendado para o uso até 10 Gbps e é blindado, evitando o efeito do crosstalk existente nas categorias 5 e 6, permitindo chegar à distância de 100 metros a 10 Gbps.
- **Categoria 8:** para o uso com Gigabit Ethernet a 25 Gbps e 40 Gbps, trabalha com frequências de até 2.000 Mhz. Assim, como o cabo Categoria 7, é blindado para evitar crosstalk, mas devido à alta

frequência permite enlaces de, no máximo, 30 metros. Além das inovações e capacidades deste cabo, também apresenta o maior custo.

A Figura 1.5 mostra o cabo UTP.

Figura 1.5 - Cabo UTP.

As principais características desse cabo são:

- alcance máximo entre estações de 100 metros;
- velocidade variada, dependendo da categoria do cabo, podendo chegar a 1 Gbps;
- não tem blindagem e está sujeito a ruídos (interferências);
- flexível e de fácil instalação;
- fácil conectorização, utiliza conectores RJ 45 para Ethernet e RJ 11 para voz;
- aplicado tanto para o Ethernet/Fast Ethernet/Gigabit Ethernet como para o token ring e o ATM;
- baixo custo.

1.1.1.5 Cabo de fibra óptica

É completamente diferente de todos os cabos já apresentados. Inicialmente, um cabo de fibra óptica não transporta elétrons como os cabos elétricos, mas sinais luminosos (fótons). As fibras ópticas são compostas por fios muito finos de sílica, vidro ou plástico, revestidos por uma casca de material com o índice de refração da luz diferente do miolo da fibra. As fibras utilizam o conceito da reflexão da luz, ou seja, o raio de luz é refletido na casca da fibra e fica confinado em seu núcleo. A Figura 1.6 mostra seu funcionamento.

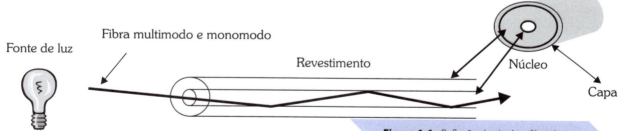

Figura 1.6 - Reflexão do sinal na fibra óptica.

Com a reflexão do sinal luminoso no núcleo da fibra, ele fica confinado no núcleo da fibra, podendo alcançar longas distâncias. Outra característica importante é que o cabo de fibra óptica é flexível.

Existem duas classificações de fibra óptica de acordo com o diâmetro do seu núcleo:

- fibras multimodo;
- fibras monomodo.

Fibras multimodo

Possuem o diâmetro do núcleo maior na faixa de 50 a 200 µm. Esse tipo de fibra está mais sujeito à dispersão modal, porque, como o diâmetro é considerado grande, permite a transmissão de diversos modos na mesma fibra. A Figura 1.7 exibe o corte de uma fibra multimodo.

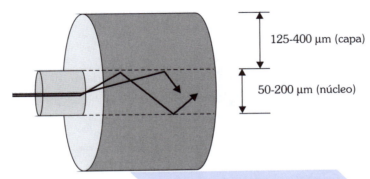

Figura 1.7 - Corte da fibra multímodo.

As principais características da fibra multimodo são:

- alcance do sinal de até 2 km;
- velocidade máxima de transmissão de 1.2 Gbps;
- usa LED como fonte de luz, o que significa dispositivos mais baratos nas pontas;
- a conectorização é mais simples nas pontas;
- atenuação de 1 db/km a 6 db/km;
- banda passante de 20 MHz a 1.2 GHz.

Fibras monomodo

As fibras monomodo possuem um núcleo com proporções muito mais reduzidas. O diâmetro chega a ser inferior ao comprimento da onda utilizada. Essa característica faz com que o sinal luminoso fique completamente confinado no núcleo da fibra, trafegando no mesmo eixo longitudinal do cabo e, com isso, praticamente não sofre o fenômeno da reflexão. A Figura 1.8 mostra o corte de uma fibra monomodo.

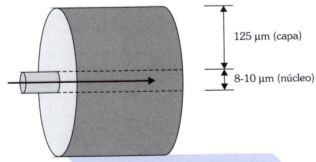

Figura 1.8 - Corte da fibra monomodo.

As principais características da fibra monomodo são:

- alcance de até 100 km;
- velocidade máxima de 100 Gbps;

- usa o laser de alta capacidade como fonte de luz uniforme e pontual;
- a conectorização é um processo mais complexo, necessitando de microscópio. Na maioria dos casos, para não aumentar muito a atenuação na emenda, é utilizada a fusão em vez da conectorização;
- atenuação de 0,25 db/km a 0,45 db/km;
- banda de 10 a 100 GHz.

Tecnologia 10 Gigabits Ethernet

Essa tecnologia permite a transmissão do sinal Ethernet a velocidade de 10 Gigabits por segundo em cabos de fibra óptica. Devido a limitações dos cabos de cobre, ainda não é eficiente o uso desse tipo de cabo com essa tecnologia.

As conexões em 10 Gigabits Ethernet podem ser feitas também com cabo de fibra óptica multimodo no padrão 10 G Base SR, alcançando distâncias de até 82 metros ou fibra óptica monomodo no padrão 10 G Base LR, alcançando distâncias de até dez quilômetros. Existe ainda o padrão 10 G Base ER, que pode alcançar até 40 quilômetros em um enlace de fibra monomodo.

Tecnologia 25 Gigabits Ethernet

Essa tecnologia permite a transmissão de sinal Ethernet a velocidade de até 25 Gbps, usando cabos de categoria 8 ou fibra óptica. É uma opção com custo mais otimizado, principalmente para a conexão de servidores. A tecnologia de transmitir Ethernet a velocidade de 25 Gbps está padronizada pelo padrão 802.3 bq.

A Ethernet de 25 Gbps usa a mesma tecnologia de transmissão desenvolvida para o novo padrão 100 Gbps Ethernet, maximiza a eficiência na interconexão de switches com servidores em datacenters e em grandes provedores de sistemas em nuvem.

Quando utilizamos o cabeamento UTP categoria 8, a distância máxima é de 30 metros, o que demonstra a vocação desse tipo de tecnologia para a conexão de servidores.

Já com o uso da fibra óptica existem dois padrões estabelecidos:

- **25 GBASE – LR:** definido em 2017 pelo 802.3cc, conector LC, com fibra monomodo (1295 nm a 1325 nm) alcançando 10 km.
- **25 GBASE – ER:** definido pelo 802.3cc, conector LC, com fibra monomodo (1550 nm) alcançando 40 km.

Tecnologia 40 Gigabits e 100 Gigabits Ethernet

As tecnologias de Gigabit Ethernet a 40 Gbps e 100 Gbps foram desenvolvidas pelo grupo de trabalho do IEEE 802.3ba; o padrão começou a ser especificado em 2008. A primeira versão foi ratificada em 2010. A discussão está em torno da camada física dessa tecnologia sobre a especificação de padrões de comunicação entre os backplanes dos switches e o cabeamento suportado.

O uso da fibra óptica foi uma premissa para essas tecnologias, principalmente devido à alta frequência necessária para a transmissão. No caso do uso da fibra multimodo, consegue-se alcançar distâncias de 150 metros e com o uso de fibra monomodo, 10 km (1295 nm a 1325 nm) e 40 km (1550 nm).

As aplicações com o uso de cabos de cobre limitam a distância, no máximo, 7 metros no 100 Gbps (usando cabo twinax) e 30 metros no 40 Gbps (usando cabo UTP CAT 8) devido à alta frequência necessária para a transmissão a essas velocidades.

As principais interfaces físicas padronizadas são:

- **40 GBASE-T:** 30 metros sobre cabo Categoria 8 UTP;
- **100 GBASE-CR10:** 7 metros sobre cabo Twinax;
- **40 GBASE-SR4:** 100 metros em fibra multimodo OM3 ou 125 metros em fibra multimodo OM4;
- **100 GBASE-SR4:** 100 metros em fibra multimodo OM3 ou 125 metros em fibra multimodo OM4;
- **40 GBASE-LR4:** 10 km em fibra monomodo (1295 nm a 1325 nm);
- **100 GBASE-LR4:** 10 km em fibra monomodo (1295 nm a 1325 nm);
- **40 GBASE-ER4:** 40 km em fibra monomodo (1550 nm);
- **100 GBASE-ER4:** 40 km em fibra monomodo (1550 nm).

A melhor solução é fibra óptica ou cabo elétrico?

A resposta para esta pergunta depende muito das necessidades específicas de projeto e das seguintes considerações:

- A fibra óptica é 100% imune a radiações eletromagnéticas, por isso pode ser instalada em ambiente ruidoso, podendo, inclusive, ser instalada junto com cabos elétricos.
- A fibra não transmite sinal elétrico, logo, ela isola eletricamente as duas pontas. Portanto, elimina-se a necessidade de os cabos UTP manterem um mesmo referencial elétrico para funcionar, ou seja, o terra em comum.
- A fibra alcança distâncias maiores, porque tem baixa atenuação e baixa taxa de erro, ou seja, uma quantidade mínima dos dados transmitidos são perdidos durante a transmissão por erros ou falhas. O cobre, por outro lado sua vez, não pode transportar frequências muito elevadas, pois a atenuação aumenta muito com a frequência. Devemos lembrar que quanto mais alta é a frequência no cabo, maior é a sua taxa de transmissão (velocidade).
- A fibra é mais segura e dificulta grampear o sinal.
- A fibra possui alta banda, sendo muito mais leve que o cabo de cobre, o que facilita a instalação.
- O custo da fibra é mais elevado que o do par de cobre, é mais difícil de instalar e requer cuidados principalmente no manuseio.

A emenda da fibra é um processo complicado, que envolve a fusão com um equipamento especial que gera um arco fotovoltaico ao redor da fibra. Esse processo necessita de microscópios e equipamentos especiais de fusão e, por consequência, possui custo elevado.

A fibra auxilia muito, principalmente projetos em que as distâncias são maiores e não é possível atender com cabos de cobre.

As operadoras de telecomunicações já possuem uma rede de fibra óptica de grande capilaridade nas maiores cidades brasileiras, conseguindo disponibilizar links de dados de melhor qualidade e com maior banda para os usuários corporativos. O padrão utilizado pelas operadoras é a fibra óptica monomodo.

Nos dias de hoje, o fator custo já não é mais um problema para a implantação de fibras ópticas. Em virtude da diminuição dos preços ocorrida de 2010 a 2020, um par de fibra óptica tem seu preço próximo ao de um cabo de cobre, em torno de 15 centavos de dólar por metro. As fibras ópticas são utilizadas em redes locais, em enlaces de curta e longa distâncias, no entroncamento de centrais telefônicas digitais e em cabos submarinos, que atualmente conectam todos os continentes do mundo.

> **FIQUE DE OLHO!**
>
> **Vantagens da fibra óptica:** como a fibra é imune à interferências do sinal elétrico, ela pode usar tubulações e a infraestrutura de elétrica para adicionar em conjunto com o cabo elétrico o cabo de fibra óptica. Além disso, como a fibra não transmite energia elétrica, ela pode ser instalada junto com a tubulação de gás encanado. No Brasil, existem milhares e milhares de quilômetros de fibra óptica sendo distribuídos em conjunto com redes de transmissão elétrica de alta voltagem.

1.2 Wireless - redes sem fio

As redes sem fio utilizam o ar como meio de transmissão e podem ser baseadas no uso de:

- laser para distâncias de 200 a 500 metros;
- infravermelho para distâncias de até 50 metros;
- micro-ondas para enlaces de até 70 quilômetros.

O laser e o infravermelho são muito eficientes para enlaces de rede de distâncias pequenas. Para os demais enlaces, é necessário utilizar ondas de rádio, como micro-ondas. As tecnologias de rádio usam uma técnica de modulação (processo de converter um sinal analógico em digital) chamada spread spectrum, que garante uma boa relação sinal/ruído mesmo em enlaces de grande distância.

As redes que utilizam rádio podem ser de duas topologias:

- **Ponto a ponto:** nessa topologia, existe um enlace de rádio ponto a ponto entre dois locais. Uma observação muito importante é que, para esses enlaces, é necessário visada das antenas.
- **Ponto multiponto:** nessa topologia, a partir de um ponto, é possível transmitir as ondas de rádio para múltiplos pontos.

A Figura 1.9 apresenta a arquitetura de uma rede wireless metropolitana com diversos enlaces.

Os enlaces de rádio em wireless podem ser escaláveis a diversas velocidades. Existem rádios que fornecem velocidades desde 2 Mbps até 622 Mbps, dependendo, é claro, da faixa de frequência de operação.

As redes locais sem fio, chamadas wireless LAN, possuem funcionamento parecido com o da Ethernet, entretanto, utilizam o ar como meio físico.

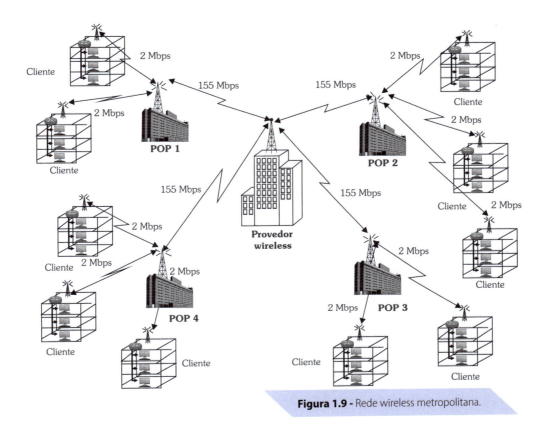

Figura 1.9 - Rede wireless metropolitana.

As redes wireless LAN são padronizadas pela norma IEEE 802.11 e podem operar a velocidades de até 300 Mbps em uma célula com alcance de até 50 metros. São muito eficazes em ambientes em que a necessidade de mudança de layout é frequente e os custos com o cabeamento são elevados. Uma das grandes vantagens desse tipo de rede também é a rapidez com que é instalada e disponibilizada.

A Figura 1.10 apresenta uma rede wireless LAN. O Capítulo 7 trata especificamente dessas redes.

AMPLIE SEUS CONHECIMENTOS

Como conseguimos montar um sistema de comunicação de dados no meio da floresta amazônica?

A comunicação via satélite (wireless) tem um papel fundamental para atender a localidades remotas e de difícil acesso. Lançar cabos de fibra óptica no meio da selva amazônica é um desafio de engenharia muito grande e muito caro, por isso, boa parte da infraestrutura de telecomunicações usada na floresta amazônica é baseada no uso de comunicação via satélite. Basta, portanto, apontar para o céu com uma antena parabólica adequada para se conectar a rede. Claro que nem tudo é perfeito quando pensamos na velocidade e no atraso da transmissão via satélite. Lembre-se que a mensagem caminha pelo menos 36 mil km para o enlace de subida e mais 36 mil km para o enlace de descida. Leia mais sobre o tema em: <https://bit.ly/2RCoeTl>. Acesso em: 10 dez. 2019.

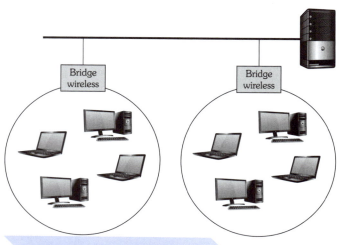

Figura 1.10 - Rede wireless LAN.

Na Tabela 1.1 podemos observar os principais padrões do grupo 802.11.

Tabela 1.1 - Padrões do grupo 802.11

Padrão	Publicação	Frequência	Velocidade Máxima	Alcance Máximo
802.11	jun/97	2.4 Ghz	2 Mbps	100 metros
802.11a	set/99	5 Ghz	54 Mbps	120 metros
802.11b	set/99	2.4 Ghz	11 Mbps	140 metros
802.11g	jun/03	2.4 Ghz	54 Mbps	140 metros
802.11n	out/09	2.4 Ghz ou 5 Ghz	150 Mbps	250 metros
802.11ac	dez/12	5 Ghz	666,7 Mbps	-
802.11ad	dez/13	60 Ghz	6,75 Gbps	-

VAMOS RECAPITULAR?

Este capítulo apresentou mídias de transmissão, incluindo o cabeamento coaxial, 10 base 2, 10 base 5, UTP, STP e fibra óptica (monomodo e multimodo). Foram abordadas, ainda, as redes locais sem fio e as wireless LAN.

AGORA É COM VOCÊ!

1. Marque das opções que não correspondem a uma mídia de transmissão:
   a. Ar.
   b. Cabo de fibra óptica.
   c. Transdutores.
   d. Fios de cobre.
   e. Rede sem fio.

2. A afirmação "O sinal elétrico sofre menos atenuação na fibra óptica e, por isso, consegue ser transportado a distâncias maiores e com taxas maiores que o cabo de cobre" é verdadeira ou falsa?. Justifique sua resposta.

3. A Amazônia legal é uma região com selva muito fechada. Qualquer investimento em infraestrutura é complicado, principalmente devido à dificuldade de acesso. Podemos dizer que este é um bom caso de uso de comunicação via satélite?

4. O que a norma EIA/TIA 568 especifica?
   a. Um padrão de transmissões eletromagnéticas.
   b. Uma técnica de multiplexação.
   c. Normas e padrões de um sistema de cabeamento estruturado.
   d. Redes sem fio.
   e. A instalação de cabos multimodos.

5. Faça associação entre as duas colunas das distâncias suportadas:
   a. 10 base 2   ( ) 500 m
   b. 10 base 5   ( ) 100 m
   c. 10 base TX   ( ) 2 km
   d. 10 base FX multímodo ( ) 185 m
   e. 10000 base ER   ( ) 40 km

6. A seguinte afirmação é verdadeira ou falsa? "O cabo STP possui dupla blindagem e é adequado para ambientes do tipo chão de fábrica, sujeito a interferências eletromagnéticas". Justifique.

7. Qual é a velocidade máxima especificada no padrão IEEE 801.11?
   a. 1 Mbps.
   b. 10 Mbps.
   c. 100 Mbps.
   d. 11 Mbps.
   a. 1 GB.

8. Museus instalados em prédios históricos possuem grandes limitações para instalação de cabos e infraestrutura de redes, uma vez que suas paredes não podem ser quebradas ou furadas, nem a fachada pode ser modificada. Diante deste cenário, qual seria a melhor tecnologia de rede para adotarmos?

9. Uma rede sem fio utiliza o ar como meio de transmissão, porém o ar não é um ambiente controlado, o que implica na possível interceptação dos dados. Se fôssemos escolher uma tecnologia que limitasse ao máximo o alcance para pequenos ambientes, qual delas seria a melhor: infravermelho, laser ou radiofrequência?

2

TÉCNICAS DE TRANSMISSÃO DE DADOS

PARA COMEÇAR

O objetivo deste capítulo é explicar quais são as principais técnicas de transmissão de dados e inserir o leitor quanto a conceitos básicos como: protocolo, técnicas de codificação, modulação, multiplexação, detalhando o funcionamento das transmissões analógica e digital.

2.1 Modelo de comunicação

Toda vez que for necessário realizar uma comunicação entre duas estações, é preciso utilizar um sistema de comunicação. Sistema de comunicação, portanto, é o conjunto de mecanismos que possibilita processar e transportar a informação desde a origem até o destino.

O sistema de comunicação possui diversos componentes:

- **A mídia de transporte utilizada na comunicação:** corresponde ao meio físico empregado para a transmissão das mensagens. Ela afeta diretamente os outros componentes de um sistema de comunicação.

- **Técnicas de codificação e modulação dos sinais:** são utilizadas para converter ou modular um sinal digital (composto de uns e zeros e compreendido pelos computadores) para um sinal analógico, que é basicamente uma onda que vai trafegar na mídia de transporte. Essa onda analógica, quando alcança o destino, é "reconvertida" ou demodulada para um sinal digital, para que possa ser compreendido pela estação destino.

- **Protocolos de comunicação:** os protocolos são regras e procedimentos utilizados no sistema de comunicação para permitir a troca de informações entre eles. Um protocolo de comunicação, em geral, sinaliza uma etapa em que será estabelecida uma conexão, onde ocorre a troca ordenada das mensagens e quando termina, existe o envio da mensagem, liberando o sistema de comunicação para que outras mensagens sejam enviadas.

- **Equipamento de acesso à mídia de transporte:** é um dos principais componentes do sistema de comunicação. Sua função é a implementação dos protocolos de comunicação. A troca de mensagens e a codificação e decodificação dos sinais ficam por conta desse equipamento. Em uma rede local do tipo barramento, o equipamento de acesso à mídia de transporte, ou seja, ao cabo, é uma placa adaptadora de rede, enquanto em uma rede de longa distância baseada em fibra óptica, o roteador pode ser o equipamento que desempenha esse importante papel. Vamos estudar o papel e a funcionalidade dos roteadores nos próximos capítulos.

A transmissão em um sistema de comunicação pode ocorrer em duas formas:

- analógica;
- digital.

2.1.1 Transmissão analógica

É o tipo mais comum quando utilizamos como meio de transmissão cabos ou mesmo o ar. A transmissão analógica envia a mensagem gerando ondas elétricas ou eletromagnéticas que possuem variação na amplitude do sinal, na frequência e na fase, de acordo com o tipo de modulação utilizado com variação de amplitude. A Figura 2.1 apresenta um sinal analógico com variação da amplitude.

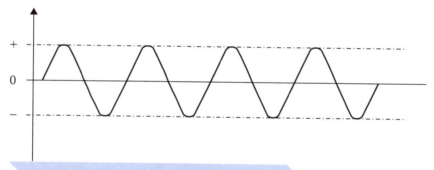

Figura 2.1 - Onda utilizada na transmissão analógica.

A transmissão analógica foi inicialmente utilizada nos sistemas de telefonia, que ainda trabalham com sinais analógicos na faixa de frequência de 4 KHz, no acesso, ou seja, até a casa do assinante.

Os sistemas telefônicos analógicos, quando usados para comunicação de dados, são muito limitados, principalmente no que diz respeito à "largura de banda" (velocidade da comunicação), além de estarem sujeitos à distorção do sinal se a comunicação for realizada em longas distâncias.

Os sistemas de comunicação analógicos telefônicos são constituídos por uma série de dispositivos que garantem o nível de qualidade mínima do serviço, como bobinas de pupinização que filtram as frequências acima e abaixo do canal de voz), repetidores (que amplificam o sinal), equalizadores (que aumentam ou diminuem o nível do sinal), supressores e canceladores de eco (que eliminam o eco do sinal de voz).

O baixo custo é uma das principais vantagens do uso de sistemas de transmissão telefônicos, entretanto, não é um meio apropriado para a transmissão de dados, principalmente devido à baixa velocidade. Além disso, a qualidade da transmissão tende a piorar quanto maior for a distância entre os nós.

/// AMPLIE SEUS CONHECIMENTOS

A primeira transmissão analógica via rádio foi realizada pelo italiano Guilherme Marconi (1874-1937). Marconi foi um cientista e inventor que criou o primeiro sistema de envio de sinais telegráficos sem fio.

Em 1899, realizou a primeira transmissão no Canal da Mancha. Dois anos depois, conseguiu fazer uma transmissão com sucesso entre a Inglaterra e Labrador, atravessando o Atlântico Norte.

O telégrafo sem fios teve várias aplicações, destacando-se na navegação, tanto que em 1909 cerca de 1,7 mil pessoas foram salvas de um naufrágio graças ao telégrafo sem fios de Marconi.

Leia mais sobre Guilherme Marconi no site: <https://bit.ly/2saYQJZ>. Acesso em: 10 dez. 2019.

Figura 2.2 - Guilherme Marconi.

2.1.2 Transmissão digital

A transmissão digital é baseada no envio pelo canal de comunicação de sinais digitais com um nível finito de amplitude, geralmente dois: 0 ou 2. No caso da utilização de um cabo como meio de transmissão, os dois são níveis de tensão discretos. Esse tipo de transmissão é comum em sistemas de transmissão de dados. A Figura 2.3 apresenta uma onda de transmissão digital.

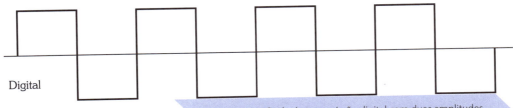

Figura 2.3 - Onda de transmissão digital com duas amplitudes.

A transmissão digital pode requerer sincronização (um sinal de tempo que deve ser conhecido e compartilhado entre as partes) a cada determinado espaço de tempo. A maior parte das tecnologias de redes de longa distância trabalha diretamente com transmissão digital utilizando modems digitais, efetuando alguma técnica de modulação.

Os modems digitais são necessários porque o sinal digital possui um alcance pequeno. A solução é o sinal passar por uma modulação com uma portadora mais adequada ao meio de transmissão.

> **FIQUE DE OLHO!**
>
> A multiplexação é usada para diminuir custos de telefonia, principalmente em cidades pequenas, em que a infraestrutura de telecomunicações é limitada. Utiliza-se muito a multiplexação para minimizar a quantidade de cabos necessários para conectar os terminais com as centrais telefônicas. O que se faz é colocar multiplexadores nas ruas e, em vez de se passar, por exemplo, 100 pares de cabos de cobre para atender a 100 assinantes, passam-se 25 pares. Os mesmos pares são multiplexados para que cada par atenda a 4 assinantes.

2.2 Modulação e codificação

Um sinal analógico pode ter um comportamento no qual apresenta infinitos valores de amplitude. Esta característica é muito explorada por sistemas de telefonia e televisão. A Figura 2.4 apresenta uma onda com comportamento de múltiplas amplitudes.

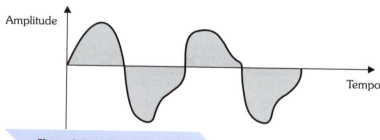

Figura 2.4 - Múltiplas amplitudes.

Além da amplitude, um sinal analógico pode ainda apresentar variações e valores infinitos de frequência e de fase. Para garantir que a transmissão analógica ocorra de modo mais uniforme, utilizamos a "modulação".

Modulação é o processo pelo qual uma onda portadora analógica (que consiste de um sinal analógico em forma de onda senoidal) pode ser alterada isoladamente ou em conjunto com outras ondas, de forma a seguir um padrão uniforme para a transmissão de dados.

Por que a onda precisa ser modulada?

Principalmente porque, no caso da utilização de irradiações eletromagnéticas, as antenas devem possuir um diâmetro de no mínimo um décimo do comprimento da onda. Imaginemos que a onda não fosse modulada e utilizássemos uma onda com um sinal de 100 Hz. Haveria a necessidade de uma antena com 300 quilômetros de comprimento para receber esse sinal, entretanto, quando o mesmo sinal é irradiado com frequências na faixa do FM, ou seja, de 88 a 108 MHz, uma antena de um metro já é suficiente.

As técnicas de modulação são capazes também de reduzir o ruído e a interferência do sinal. Para isso, são usadas portadoras com frequências superiores ao sinal original. Além disso, as técnicas de modulação permitem transmitir várias ondas no mesmo canal simplesmente as modulando em frequências diferentes. Este é o princípio das técnicas de modulação baseadas em frequência.

2.2.1 Tipos de modulação

Existem várias técnicas de modulação da onda portadora, nas quais ela ocorre de forma contínua, em que a portadora é diretamente alterada de acordo com o sinal que está sendo transmitido.

Os principais tipos de modulação são os seguintes:

- modulação por amplitude, também chamada de **ASK (Amplitude Shift Keying)**;
- modulação por frequência, também denominada **FSK (Frequence Shift Keying)**;
- modulação por fase, também conhecida como **PSK (Phase Shift Keying)**;
- modulação digital por pulsos, também chamada de **PCM (Pulse Code Modulation)**. Nesse tipo de modulação, o sinal modulado é transmitido por pulsos em intervalos de tempo distintos.

ASK: modulação por amplitude

Nesse tipo de modulação, a portadora é modulada em amplitude de acordo com o sinal a ser transmitido. A amplitude da portadora se modifica conforme o sinal modulado, podendo adotar dois níveis de amplitude, como observamos na Figura 2.5.

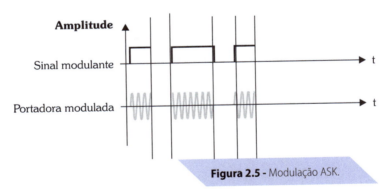

Figura 2.5 - Modulação ASK.

FSK: modulação por frequência

A portadora é modulada em frequência de acordo com o sinal a ser transmitido. A frequência da portadora modifica-se de acordo com o sinal modulado. Esse comportamento pode ser observado na Figura 2.6.

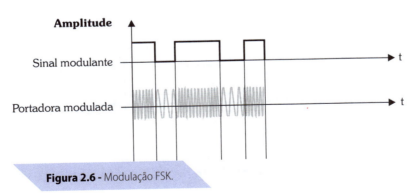

Figura 2.6 - Modulação FSK.

PSK: modulação por fase

A portadora é modulada por alternância de fase conforme o sinal a ser transmitido. A fase da portadora modifica-se de acordo com o sinal modulado, como indica a Figura 2.7.

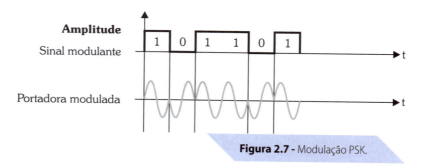

Figura 2.7 - Modulação PSK.

PCM: modulação por código de pulso

Cada amostra do sinal a ser transmitido é codificada em pulsos digitais com diferentes níveis de amplitude. Os pulsos são conhecidos como PAM, ou modulação por amplitude do pulso. Entretanto, existe um espaço entre os pulsos que permite ao receptor da mensagem executar o processo inverso e obter o sinal transmitido.

Esse mecanismo, por possuir diversos níveis de amplitude, facilita que os pulsos sejam regenerados durante a transmissão, minimizando alguns efeitos que prejudicam o sinal na transmissão, como a atenuação e o ruído. A Figura 2.8 apresenta a técnica de modulação por PCM com 3 bits de PAM, o que equivale a oito níveis de amplitude.

Os fabricantes de sistemas de telefonia descobriram que com 128 amplitudes diferentes do PAM é possível a regeneração do sinal de voz transmitido, permitindo inclusive separar os sinais de voz de ruídos tão eficientemente como nos sistemas analógicos telefônicos mais antigos.

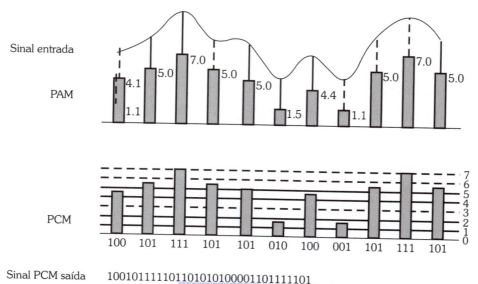

Figura 2.8 - Exemplo de modulação por código PCM com 3 bits de PAM.

REDES DE COMPUTADORES

2.2.2 Codificação

Enquanto a modulação é utilizada por sistemas de transmissão analógicos, a codificação é utilizada por sistemas digitais. A codificação é necessária para converter sinais digitais seguindo formatos necessários à transmissão e, principalmente, incluindo no sinal digital o sincronismo de clock indispensável para a transmissão síncrona, que veremos em seguida com mais detalhes. Na Figura 2.9 podemos notar claramente a diferença entre modulação e codificação. A modulação sendo utilizada para a transmissão analógica e a codificação para a transmissão digital.

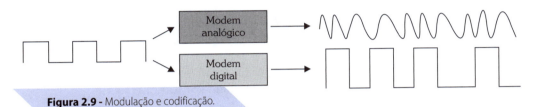

Figura 2.9 - Modulação e codificação.

2.2.3 Degeneração dos sinais

Os sinais analógicos e digitais transmitidos no meio de comunicação estão sujeitos a diversos fenômenos físicos que os degeneram, gerando erros na transmissão. Os principais fenômenos que afetam o meio e a qualidade da transmissão são os seguintes:

▶ **Atenuação:** corresponde à perda da intensidade ou amplitude do sinal transmitido com a distância. Imagine um sinal elétrico que foi transmitido em um cabo com uma tensão de +48 V. À medida que esse sinal vai sendo transmitido, ele vai sofrendo atenuação, e a tensão de chegada até o destino acaba sendo menor do que os +48 V. No entanto, o receptor só consegue distinguir o nível de sinal se ele chegar ao destino com uma tensão mínima, por exemplo, +40 V. Se o sinal chegar com um nível menor, ocorre um erro de transmissão. A Figura 2.10 apresenta o efeito da atenuação em um sinal digital:

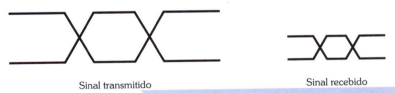

Figura 2.10 - Efeito da atenuação no sinal transmitido.

▶ **Distorção:** ocorre pela alteração do sinal devido a uma resposta imperfeita do sistema. Não é um ruído e muito menos uma interferência, mas uma alteração no sinal devido a problemas no sistema de transmissão. A Figura 2.11 apresenta o efeito da distorção no sinal.

Figura 2.11 - Efeito da distorção no sinal.

- **Interferência:** provocada pela contaminação do sinal transmitido por outros sinais estranhos do mesmo tipo e frequência do sinal transmitido. A interferência é muito frequente quando utilizamos o ar como meio de transmissão. Ondas de rádio de frequência muito próximas podem afetar a qualidade do sinal transmitido.
- **Ruído:** sinal de comportamento aleatório que pode ser gerado internamente ou externamente ao sistema. O ruído pode mascarar o sinal da portadora, impedindo a comunicação. É uma das características mais difíceis de serem eliminadas.

Todas essas degenerações dos sinais acabam provocando erros nos sinais transmitidos. Os erros são detectados utilizando técnicas de detecção de erros. Esses métodos verificam os dados e a integridade. Existem alguns mais simples, porém com menor confiabilidade e outros mais complexos e seguros. Os principais métodos de verificação de erros são:

- métodos de verificação de paridade (par ou ímpar, ou paridade combinada);
- métodos de verificação polinomial, também conhecidos como CRC;
- códigos de hamming;
- FEC (Forward Error Correction).

2.3 Transmissão de sinais

A comunicação na mídia ou no meio de transmissão pode ocorrer em três modos:

- **Simplex:** quando a comunicação acontece apenas em um sentido. Da mesma maneira que ocorre nos sistemas de televisão, apenas recebemos a programação, não conseguimos interagir porque a comunicação ocorre em apenas um sentido no canal.
- **Half duplex:** nesse caso, a comunicação pode ocorrer nos dois sentidos, mas não simultaneamente. Não podemos transmitir ou receber mensagens ao mesmo tempo e, além disso, é necessária uma sinalização para liberar o canal. É o caso de quando usamos walkietalkies. Existe um sinal que é o câmbio usado para liberar o canal.
- **Full duplex:** quando a comunicação pode ocorrer simultaneamente no canal, ou seja, podemos transmitir e receber mensagens ao mesmo tempo. É o caso do telefone, no qual podemos falar e escutar ao mesmo tempo a comunicação.

A Figura 2.12 exibe esses modos.

Os sinais são modulados e demodulados por equipamentos destinados a este fim, chamados modems. Existem dois tipos de transmissão de sinais distintos e que utilizam modems diferentes:

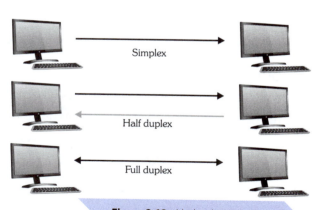

Figura 2.12 - Modos de transmissão.

- **Transmissão síncrona:** utiliza modems síncronos. Esse tipo de transmissão é mais eficiente, porém necessita de clock de sincronismo e de um meio de transmissão mais confiável em virtude de os dados serem transferidos em blocos.
- **Transmissão assíncrona:** utiliza modems assíncronos. É mais adaptável à velocidade e à qualidade da linha, e não necessita de sincronismo. Devido aos caracteres adicionais de controle, é menos eficiente do que a transmissão síncrona.

2.3.1 Transmissão síncrona

Foi criada no início dos anos de 1970, pela IBM, com o lançamento do SDLC (Synchronous Data Link Control). É um protocolo de camada de enlace para a transmissão em enlaces síncronos. A ISO padronizou o High-level Data Link Control (HDLC), que é muito similar ao SDLC, usado nas redes locais (Ethernet, token ring e FDDI) para a transmissão de quadros.

A transmissão síncrona é baseada na transmissão de blocos de informação de uma única vez, entretanto, os blocos de informação não podem ser transmitidos a qualquer instante, mas apenas no momento determinado pelo sinal do clock de sincronismo. Esse tipo de transmissão tem uma série de vantagens, entre elas que o overhead é muito pequeno e possui caracteres de sincronismo entre blocos de informação e não mais para cada byte, como na transmissão assíncrona.

Além de suportar o transporte de mais informação em velocidades mais altas, a estrutura em bloco facilita o controle dos dados pelos modems. A desvantagem é que os circuitos e modems síncronos em geral custam mais caro. A verificação de erros é feita com uma técnica de CRC e no caso de erro no bloco, todo ele necessita ser retransmitido. A Figura 2.13 apresenta um quadro de transmissão síncrona.

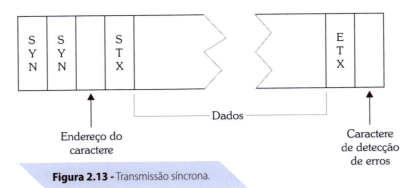

Figura 2.13 - Transmissão síncrona.

2.3.2 Transmissão assíncrona

A transmissão assíncrona leva este nome por não ser sincronizada. Ela não ocorre em intervalos predeterminados de tempo. Nesse tipo de transmissão, quando um byte é transmitido, acompanha o seguinte padrão para a formação da sequência de bits:

- **Start bit:** é o bit de início que indica ao receptor que dados estão sendo enviados. Cada byte a ser transmitido deve ser precedido por um start bit e, no final, deve ser inserido um stop bit para indicar final de byte enviado.

- **Bits de dados:** é a informação que vai ser enviada ou os 8 bits que compõem o byte.
- **Bit de paridade:** um bit extra inserido junto com o byte para a verificação de erros de transmissão.
- **Stop bit:** bit que indica que o byte já foi transmitido.

A Figura 2.14 mostra o modelo da transmissão assíncrona que apresenta como principais vantagens o baixo custo e a fácil configuração, entretanto, possui limitações quanto à velocidade do canal de comunicação e baixa eficiência, visto que para cada byte enviado é preciso enviar 12 bits (2 start, 8 dados e 2 stop) em vez de 8, o que significa um overhead de 33%.

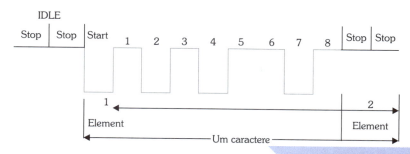

Figura 2.14 - Transmissão assíncrona.

AMPLIE SEUS CONHECIMENTOS

Quando a internet começou a ser usada comercialmente no Brasil nos anos de 1990, a maioria dos usuários fazia acesso utilizando modens em linhas telefônicas tradicionais. Esses modens utilizavam a linha telefônica analógica tradicional e modulavam assincronamente o sinal para a transmissão. O crescimento do uso da internet no Brasil gerou um congestionamento do serviço telefônico tradicional, o que obrigou as operadoras a desenvolverem projetos para o reencaminhamento desse tráfego para equipamentos de rede de dados mais próximos do usuário, diminuindo assim, o congestionamento nas centrais telefônicas. Saiba mais em: <https://bit.ly/38NjNeD> e <https://bit.ly/2POwldh>. Acessos em: 17 dez. 2019.

2.4 Capacidade de largura de banda

A capacidade de largura de banda deve-se a uma série de fatores que afetam a transmissão de dados. São eles:

- **Frequência permitida pela mídia de transmissão:** cada mídia suporta determinada frequência de transmissão. Em geral, podemos dizer que quanto maior é a frequência que podemos injetar em um meio de transmissão, maior é a velocidade que alcançamos nele.
- **Taxa de erro do canal:** se trabalhamos com um meio de transmissão muito sujeito a erros, como linhas com cabos de cobre, somos obrigados a incluir um overhead muito grande de controle de erros nos pacotes que são transmitidos. Isso faz com que a velocidade de transmissão e a largura de banda sejam reduzidas. Um exemplo desse fator é quando comparamos as redes X.25 com as redes frame relay (esses protocolos de WAN serão apresentados mais adiante). O frame relay não tem todo o controle de erro

existente no X.25 justamente porque o meio possui baixa taxa de erros, por isso, o frame relay consegue operar com velocidades na casa de 34 Mbps, enquanto o X.25, que trabalha em um meio com alta taxa de erros, não opera acima de 256 Kbps.

- **Overhead do protocolo de transporte:** existem tecnologias que garantem uma largura de banda superior, simplesmente porque na montagem de seus quadros para transmissão não é perdida tanta informação com cabeçalhos e sinais de controle. Por exemplo, no ATM (Assynchronous Transfer Mode, essa tecnologia será apresentada mais adiante no livro) trabalhamos com células de 53 bytes, sendo 48 bytes para dados e cinco para cabeçalho. Significa que, para cada 48 bytes enviados, precisamos enviar mais cinco de controle, ou uma eficiência de 89%, um overhead considerável se comparado à tecnologia POS (Packet Over Sonet). Nessa tecnologia, um pacote IP pode possuir 2.500 bytes com apenas um cabeçalho de 20 bytes, o que dá uma eficiência de 98%.

Existe uma classificação de canais de comunicação, baseada na velocidade do canal, também chamada largura de banda do canal de comunicação, que pode ser caracterizada da seguinte forma:

- **Voice band:** é a banda do canal de voz dos sistemas telefônicos. A linha telefônica oferece um canal de frequência de 4 KHz, que podemos utilizar, por exemplo, para realizar uma conexão assíncrona com um provedor e acessar a internet com velocidade de até 56 Kbps.
- **Narrow band:** ou canal de banda estreita, corresponde aos circuitos de dados que trabalham com velocidades de até 64 Kbps. São circuitos de baixa velocidade que trabalham com transmissão síncrona, ainda muito utilizados pelas corporações e bancos para aplicações específicas de dados.
- **Broad band:** ou banda larga, corresponde aos circuitos e tecnologias de dados que trabalham com velocidades acima de 64 Kbps. Os serviços de acesso à Internet em alta velocidade usando modems ADSL são broad band, que podem atingir velocidades de até 6 Mbps. Os circuitos banda larga também trabalham com transmissão síncrona.

As operadoras de telecomunicação vêm investindo massivamente na criação de redes de acesso banda larga, principalmente devido à necessidade cada vez maior de banda que os usuários de internet têm. As novas aplicações, como a digitalização de músicas em padrão MP3, o uso de aplicações de vídeo e voz na internet, têm gerado uma demanda muito grande por acessos em alta velocidade.

Nos Estados Unidos, o mercado de banda larga é muito expressivo. No Brasil, a banda larga cresceu a taxa de 13% ao ano em 2019 e representa um mercado de 15 bilhões de dólares ao ano de receitas.

2.5 Multiplexação

É uma técnica utilizada para que um mesmo canal de comunicação possa ser compartilhado por vários usuários ao mesmo tempo. A multiplexação representa uma otimização da infraestrutura física das redes.

Os multiplexadores são os equipamentos de comunicação responsáveis por combinar os sinais dos vários usuários em um único canal de comunicação. Eles executam também a operação inversa chamada de demultiplexação, que consiste em receber os sinais de um único canal e separá-los de novo nos diversos canais que foram multiplexados.

Com o uso da multiplexação é possível reduzir consideravelmente os investimentos em canais de comunicação. O preço final por usuário de um canal multiplexado é bem inferior ao de um canal dedicado.

As principais técnicas de multiplexação são:

- **FDM (Frequency Division Multiplexing):** multiplexação por divisão de frequência.
- **TDM (Time Division Multiplexing):** multiplexação por divisão de tempo.
- **STDM (Statistical Time Division Multiplexing):** multiplexação por divisão de tempo estatístico.
- **CDMA (Code Division Multiplexing Access):** multiplexação por divisão de código;
- **OFDM (Orthogonal Frequency Division Multiplexing):** multiplexação por divisão de frequência ortogonal.

2.5.1 Multiplexação por divisão de frequência (frequency division multiplexing)

Essa técnica de multiplexação é baseada na divisão do tempo de transmissão do canal em pequenos subcanais, conhecidos slots. Nele, os canais estão 100% do tempo disponíveis para transmitir, pois são alocados subcanais fixos para eles.

A técnica de multiplexação é a mais adequada para a transmissão de sinais analógicos, e é muito utilizada em operadoras de telefonia para multiplexar linhas telefônicas em um canal de maior capacidade. A Figura 2.15 apresenta a multiplexação em frequência e sua aplicação para a telefonia.

As operadoras de televisão a cabo também utilizam a multiplexação em frequência para inserir os diversos canais no cabo.

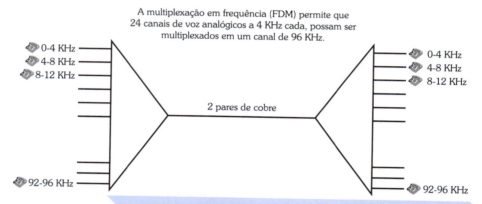

Figura 2.15 - Aplicação da multiplexação em frequência para a telefonia.

2.5.2 Multiplexação por divisão de tempo (time division multiplexing)

Essa técnica de multiplexação é baseada na divisão do tempo de transmissão do canal em pequenos subcanais, conhecidos também como slots. Cada canal ocupa um slot fixo em determinado instante.

É a técnica mais adequada para a transmissão de sinais digitais. Uma das desvantagens do TDM é que se um dos slots ou subcanais não está sendo utilizado, ocorre o desperdício de banda, pois a alocação é fixa. A Figura 2.16 apresenta a multiplexação em tempo e sua aplicação para serviços de dados.

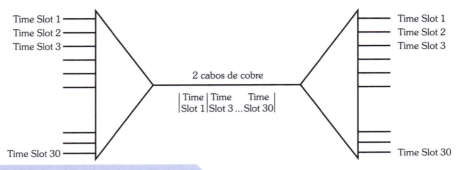

Figura 2.16 - Multiplexação baseada no tempo.

Essa multiplexação é utilizada quando compramos circuitos de dados fracionados, n x 64 Kbps. Por exemplo, quando compramos um circuito de 128 Kbps, a operadora aloca dois time slots de um circuito E1 que ela tem disponível. Com a multiplexação, ela pode oferecer outros time slots para outros clientes, otimizando o uso da infraestrutura.

2.5.3 Multiplexação por divisão de tempo estatístico (statistical time division multiplexing)

Essa técnica de multiplexação é mais moderna, e funciona como a multiplexação TDM, entretanto, ela aproveita o fato de que de 10% a 30% do tempo os usuários não estão transmitindo no canal, e usa essa banda livre para enviar dados de outro slot, portanto, não há o desperdício de banda, como ocorre com o TDM puro.

A Figura 2.17 mostra a multiplexação por divisão de tempo estatístico.

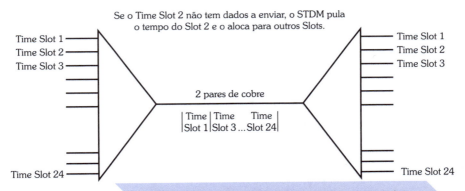

Figura 2.17 - Multiplexação por divisão de tempo estatístico.

2.5.4 Multiplexação CDMA (Code Division Multiplex Access)

No CDMA, cada usuário recebe um código único, usado para codificar o sinal enviado; quando o receptor recebe o código único, o decodifica para recuperar os dados. Essa tecnologia é interessante, porque todos os usuários usam a mesma frequência ao mesmo tempo, mas com um código distinto.

Nessa tecnologia, os usuários não são separados por slots de tempo ou de frequência, porém, normalmente esses sistemas utilizam mais energia para transmitir, uma vez que a banda para se enviar um sinal tem que ser muito maior, uma vez que os dados codificados são maiores do que os dados originais. O processo de codificação traz mais segurança para esse método de comunicação

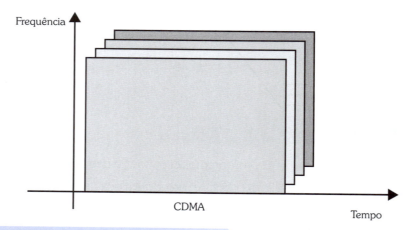

Figura 2.18 - Multiplexação por divisão de código.

2.5.5 Multiplexação OFDM (Orthogonal Frequency Division Multiplexing)

O OFDM é uma técnica de multiplexação, na qual um único fluxo de dados é dividido em canais com diferentes frequências para reduzir o crosstalk e a interferência. Em vez de termos um único fluxo serial de dados, os mesmos são transmitidos em um fluxo paralelo com múltiplos canais separados. A separação dos canais é de 0,25 ns.

Essa técnica foi criada nos anos 1960 com o objetivo de minimizar o impacto da interferência entre canais e limpar o canal de dados.

O OFDM utiliza um conjunto de portadoras ortogonais que não são correlacionadas, permitindo, portanto, a sobreposição. Dessa maneira, torna-se possível aumentar a eficiência de uso do espectro.

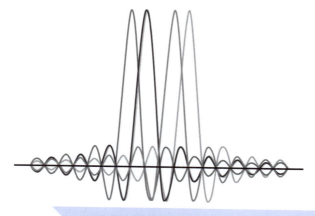

Figura 2.19 - Multiplexação por divisão de frequência ortogonal.

FIQUE DE OLHO!

A multiplexação é fundamental para a telefonia. Ao fazermos uma chamada telefônica, normalmente usamos canais que são multiplexados. Uma chamada telefônica possui muitos períodos em que o canal não é utilizado, uma vez que não conseguimos falar a todo tempo durante a chamada. Esses períodos de uso do canal, devido à multiplexação, podem ser usados por outros usuários que estão compartilhando o canal de comunicação.

VAMOS RECAPITULAR?

Este capítulo apresentou o modelo de comunicação, a transmissão analógica, a transmissão digital, as técnicas de modulação e codificação, a degeneração dos sinais, os tipos de transmissão e a classificação dos canais e a multiplexação.

AGORA É COM VOCÊ!

1. Indique quais dos itens seguintes não são mídias de transporte de dados:

    a. Ar.

    b. Cabo coaxial.

    c. Fibra óptica.

    d. Cabos elétricos.

    e. Redes wireless.

2. A seguinte afirmação é verdadeira ou falsa? "Um modem é um equipamento de acesso à mídia de transporte."

3. Quais são os tipos de transmissão que você conhece?

4. Quais são os tipos de modulação que você conhece?

5. Enquanto, na modulação, transformamos um sinal digital em um sinal analógico, na codificação transformamos um sinal digital em outro sinal digital. Qual é a principal vantagem de modularmos um sinal?

6. Relacione as duas colunas:

    a. Perda de intensidade do sinal de acordo com a distância.   ( ) Ruído

    b. Alteração do sinal devido a problemas na transmissão.   ( ) Distorção

    c. Fenômeno mais difícil de combater.   ( ) Atenuação

7. Quais são as técnicas de detecção de erros que você conhece?

8. A transmissão assíncrona foi criada em uma época em que as taxas de erro no meio de transmissão eram muito altas. Nesse ponto, era necessário realizar controle de erro para cada quadro de transmissão transmitido. Já na transmissão síncrona, não existe tanto controle. Qual tecnologia, que possui baixa taxa de erro, permitiu o avanço da transmissão síncrona?

9. Qual é a diferença entre narrow band e broad band?

10. Quais são as técnicas de multiplexação que você conhece?

3

ARQUITETURA DE REDES E MODELO DE REFERÊNCIA

PARA COMEÇAR

O objetivo deste capítulo é apresentar as principais arquiteturas de redes de computadores, definir os principais elementos de uma rede local "LAN" e apresentar o modelo de referência OSI.

3.1 Conceitos básicos

A seguir serão apresentados os principais conceitos relativos à arquitetura de redes, essenciais à compreensão deste capítulo.

3.1.1 O que é rede local?

O termo rede local (LAN) é uma das taxonomias do termo redes. As redes, quando confinadas a uma região física limitada, como um prédio, ou mesmo um conjunto de prédios, são conhecidas como redes locais. Em geral, apresentam alto desempenho, ou seja, velocidades acima de 10 Mbps, chegando em algumas tecnologias a até 1 Gbps. As estações são conectadas entre si usando como meio físico o cabo UTP ou mesmo a fibra óptica (conforme apresentado anteriormente).

Fica mais fácil entender o que é rede se compreendermos os seus principais componentes. Uma rede local é composta dos seguintes elementos:

▸ **Placa adaptadora de rede:** também chamada de NIC (Network Interface Card), é instalada nas estações que desejamos que façam parte da rede. Sua função é basicamente serializar os dados que serão transmitidos em quadros especiais, com base no protocolo que a rede vai utilizar; o mais comum é o Ethernet.

▸ **Driver da placa de rede:** esse driver precisa ser instalado no computador em que a placa foi instalada de forma a permitir que o sistema operacional utilize a placa de rede para as comunicações.

- **Sistema operacional de rede:** o sistema operacional que será executado na estação. Esse sistema deve suportar os serviços de transmissão e recepção pela rede. Um exemplo é a plataforma Microsoft Windows, que já vem preparada para trabalhar em rede.
- **Cabo ou meio de transporte:** em geral é o cabo UTP, ou cabo de par trançado. É responsável por disponibilizar o meio de transporte aos dados. Os dados na verdade são modulados em sinais elétricos e, então, transmitidos pelo cabo até o equipamento de concentração: um hub ou switch. O meio de transporte pode ser também uma fibra óptica e, nesse caso, os dados são modulados em sinais luminosos em vez de sinais elétricos. A diferença de utilizar cabo UTP ou fibra é basicamente de distância e rigidez do sinal. Enquanto um cabo UTP permite a transmissão do sinal de Ethernet 100 Mbps a uma distância de, no máximo, 100 metros, a fibra permite que a distância seja expandida a até dois quilômetros.
- **Equipamento de concentração:** é responsável por receber os sinais das diversas estações conectadas na rede, regenerá-los e enviá-los às estações destino da mensagem. Esse equipamento de concentração pode ser um hub ou um switch que estudaremos detalhadamente em seguida.
- **Servidor:** é uma máquina que presta serviços para a rede. O servidor pode ser, por exemplo, um servidor de arquivos que presta serviços a outras máquinas diretamente conectadas na rede. Entre os principais servidores, destacam-se os de e-mail, de páginas HTML, de banco de dados etc.

3.1.2 Histórico e os benefícios da rede

No início da década de 1980, com a introdução dos microcomputadores no mercado pela IBM, Apple e outros fabricantes, surgiu um novo modelo de computador para as empresas e corporações em geral. O PC (personal computer - computador pessoal) era uma opção de baixo custo se comparado com os mainframes antigos, e como a própria denominação esclarecia, uma máquina de uso pessoal. Os PCs inicialmente acabaram substituindo terminais de mainframe e as antigas máquinas de escrever. Principalmente com o advento do editor de texto, a capacidade exclusiva da nova ferramenta de edição de textos e alterações sem que fosse necessário redigitar toda a folha foi uma quebra de paradigma e gerou um aumento substancial da produtividade nas empresas.

A planilha eletrônica foi outra aplicação que revolucionou e contribuiu muito para o crescimento do mercado dessas novas máquinas poderosas. Nesse primeiro momento já se pensava em métodos para interligar essas novas máquinas para que pudessem se comunicar entre si, algo que antes já era muito utilizado no ambiente de mainframes. Dessa necessidade surgira as primeiras redes locais baseadas no uso de cabos coaxiais para interligar computadores.

A oportunidade para as redes era uma palavra mágica que estava fora do conceito de computador pessoal e individual: "COMPARTILHAMENTO". Antes das redes, os computadores eram unidades únicas. Cada uma necessitava de sua unidade de disco, sua própria impressora, seu próprio modem para conexão a outras máquinas e possuir em seu disco rígido todos os programas que precisava executar.

Pois bem, nessa época o disco rígido tinha um preço elevado. Os famosos winchesters com capacidades de armazenamento de 5 ou 10 Megabits chegavam a custar mais do que 60% do preço final da máquina.

Surgiu, então, a oportunidade para as redes locais. Com o advento da rede, não existia mais a necessidade de discos rígidos de média e alta capacidades nas estações. Elas poderiam acessar um servidor, conhecido como servidor de arquivos, que possuía os discos de alta capacidade, compartilhados entre todas as estações da rede. Os acessos às informações eram feitos pela rede e geravam uma economia substancial no investimento final pela empresa. Dessa época, vêm os primeiros sistemas operacionais de rede como o "Lantastic" e o "Netware".

Outra vantagem desse modelo é que o backup dos arquivos poderia ocorrer de modo centralizado, o que antes dependia basicamente da política de uso de cada usuário. Foi um grande avanço porque o hardware disponível na época apresentava grandes taxas de erros, e o servidor podia ser uma máquina de maior capacidade e mais redundante do que as outras estações que acessavam a rede.

Começaram a surgir também os servidores de impressão. O empresário podia comprar uma impressora rápida de bom desempenho, permitindo que ela fosse compartilhada com todos os usuários da rede, gerando uma economia substancial, ao comparar cada usuário utilizando sua própria impressora.

Com a rede, começaram a surgir os novos sistemas de banco de dados baseados em rede. Com isso, a base de dados ficou centralizada em um único servidor, permitindo que os acessos, alterações de registro e integridade fossem mantidos. Nos sistemas anteriores, em que não havia rede, quando ocorria uma atualização na base, ela devia ser replicada manualmente em todas as estações em que a aplicação era instalada, o que era um grande incômodo. A base centralizada de dados em um servidor permite garantir segurança e confiabilidade das operações.

Essas novas aplicações e softwares, e a evolução dos PCs em rede, permitiram que muitas aplicações que antes necessitavam de mainframe fossem migradas para sistemas de computadores em rede. Nessa época, surgiu o conceito de downsizing, que consiste em migrar as aplicações de alta plataforma – como os mainframes – para sistemas de menor porte, como grandes servidores.

Todos esses benefícios trazidos pelas redes levaram as empresas a adotarem as redes locais muito rapidamente. As pessoas se acostumaram tanto a usar os recursos e benefícios da rede que atualmente diz-se que as empresas não são operacionais se não possuírem uma rede de comunicação.

3.1.3 Comunicação de dados e as redes de computadores

Desde o início, uma das principais finalidades da rede não era apenas o compartilhamento de recursos como discos, impressoras ou arquivos. Ficava claro que a grande vantagem do uso da rede era a comunicação de dados e a troca de mensagens entre os usuários. Os sistemas de correio eletrônico certamente foram os que mais proliferaram depois do advento das redes de computadores. O benefício de manter documentos eletrônicos e enviá-los pela rede foi uma mudança de paradigma nas empresas que antes estavam acostumadas a trabalhar com memorandos e montanhas de papel para a comunicação interna. A rede permitiu que a informação fosse enviada instantaneamente e com muito menos burocracia, além, é claro, da economia substancial de papel.

As corporações perceberam a grande ferramenta que possuíam em suas mãos e começaram a interligar as redes corporativas, expandido esses benefícios a todos os usuários da empresa. Assim, um usuário da filial do Rio de Janeiro de uma empresa podia mandar um documento para ser impresso on-line na impressora da matriz em São Paulo, algo que antes envolvia o despacho via malote, com todo o atraso e custos envolvidos. Surgiu, então, a necessidade de interligar as redes locais, as chamadas redes de computadores de longa distância, conhecidas como WAN (Wide Area Networks), que serão abordadas mais adiante.

A internet, por último, foi um dos maiores avanços na cultura organizacional, disponibilizando às empresas e aos usuários acesso, envio e requisição de documentos de empresas parceiras localizadas em todo o mundo.

A Figura 3.1 ilustra os principais componentes de uma rede de computadores.

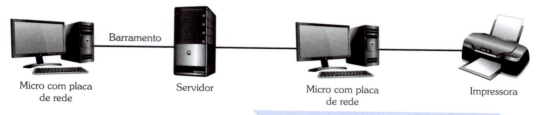

Figura 3.1 - Principais componentes da rede.

AMPLIE SEUS CONHECIMENTOS

Praticamente nenhuma companhia consegue trabalhar sem rede local. Quase obrigatoriamente, todo o processo de uma empresa depende da "comunicação". As redes de computadores revolucionaram as empresas e permitiram que milhares de aplicações pudessem ser trabalhadas, especialmente na comunicação e integração. A rede é considerada como o coração das empresas: quando a rede para, a empresa para!

Sem rede, a maioria dos processos não funcionaria ou seria muito ineficiente. No entanto, o primeiro "vilão" para um problema que o usuário tenha na comunicação ou é o computador ou a própria rede. Quando isso acontece, toda a aplicabilidade da rede torna-se nula. Nunca se lembram da positiva e necessária aplicação da rede nesses momentos!

Saiba mais em: <https://bit.ly/2sz18mk>. Acesso em: 17 dez. 2019.

3.2 Padrões de rede

A padronização sempre foi um do maiores problemas em todas as indústrias e não poderia ser diferente no mercado de redes. No início dos anos de 1980, houve grande crescimento na área de redes, porém, atrás do crescimento existia um grande problema, que era a quantidade de padrões existentes, ou seja, cada fabricante possuía suas soluções com um padrão proprietário, o que obrigava o cliente a adotar as soluções fechadas de um único fabricante, visto que as soluções de diferentes fabricantes não interoperavam.

Em razão dessa grande dificuldade, os maiores fabricantes e representantes da indústria se reuniram em uma comissão especial da ISO (International Standarization Organization) e, após alguns meses de estudo, começou a ser criado o conhecido modelo OSI. Por ter sido definido como um padrão em que sistemas de diferentes fabricantes pudessem interoperar, esse modelo foi um dos primeiros padrões a levar o nome de "sistema aberto".

O modelo OSI é composto de sete camadas: física, enlace, rede, transporte, sessão, apresentação e aplicação. A Figura 3.2 apresenta as camadas do modelo OSI.

| Camada 7 aplicação |
| Camada 6 apresentação |
| Camada 5 sessão |
| Camada 4 transporte |
| Camada 3 rede |
| Camada 2 enlace |
| Camada 1 física |

Figura 3.2 - Camadas do modelo OSI.

O funcionamento da hierarquia em camadas é relativamente simples. Uma camada faz uso dos serviços da camada diretamente inferior e presta serviços à camada diretamente superior. Por exemplo, a camada enlace faz uso dos serviços da camada física para enviar os sinais no meio de transmissão e presta serviços à camada rede para disponibilizar o enlace fim a fim.

Quando um dado é transmitido, cada uma das camadas recebe os dados da camada superior, acrescenta as informações necessárias dessa camada e envia para a camada inferior. Quando o dado é recebido do outro lado, ocorre o procedimento contrário. A Figura 3.3 ilustra o processo. Esse processo de adicionar informações às camadas é chamado de encapsulamento.

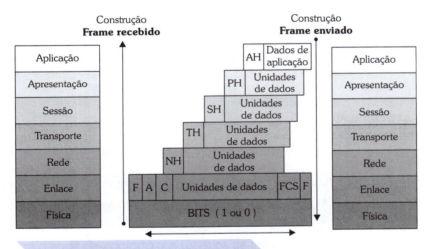

Figura 3.3 - Processo de encapsulamento.

3.2.1 Camada física

Essa camada especifica todo o cabeamento, os sinais elétricos e luminosos a serem trocados no meio, as pinagens e os conectores da rede. Ela é ainda responsável pela modulação dos bits zeros e uns em sinais elétricos ou ópticos para serem transportados pelo meio físico. A camada física determina, ainda, características mecânicas das placas de rede e dos dispositivos.

Exemplos do que é padronizado pela camada física:

- cabo UTP categoria 5;
- fibra óptica;
- hubs.

3.2.2 Camada enlace

A camada enlace tem como responsabilidade garantir de forma correta e confiável a comunicação em uma conexão física. Ela é a responsável por montar os quadros, chamados frames, que serão transmitidos pela camada física. Os protocolos mais conhecidos da camada enlace são o Ethernet e token ring.

A camada enlace é ainda dividida em duas subcamadas:

- **LLC:** Logic Link Control ou subcamada de controle lógico.
- **MAC:** Media Access Control ou subcamada do meio físico.
- **Fiber Distributed Data Interface:** tecnologia de rede em anel baseada em fibra óptica.

Note que as duas subcamadas trabalham de forma independente. A camada MAC é dependente do meio e a LLC não. Portanto, existe uma camada MAC específica para o Ethernet (tecnologia de rede baseada em barramento), outra para o token ring (tecnologia de rede baseada em anel) e outra para o FDDI (também em anel), como indica a Figura 3.4.

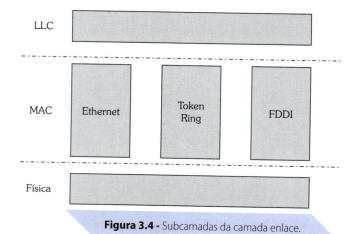

Figura 3.4 - Subcamadas da camada enlace.

3.2.3 Camada rede

A camada rede é preocupada com o envio das mensagens fim a fim. Opera basicamente com endereços de rede, que são globais por natureza, como o endereço IP. Essa camada é a responsável pelo roteamento dos dados, ou seja, o encaminhamento dos pacotes pela rede (falaremos mais sobre roteamento mais adiante neste livro) e é completamente independente do meio de transmissão, garantindo o roteamento dos pacotes por redes heterogêneas.

Ela também executa funções de controle de erro e de fluxo. O controle de fluxo permite controlar a banda transmitida dinamicamente de forma a evitar que ocorram gargalos na rede.

Os protocolos da camada de rede incluem o IPX do Netware e o IP do TCP/IP.

3.2.4 Camada transporte

É responsável por realizar a troca de pacotes entre os sistemas que estão se comunicando sem se preocupar com o roteamento, que é executado pela camada rede. Essa camada realiza ainda o controle de fluxo no caso de o receptor da mensagem não ter conseguido tratar a mensagem ou caso haja a necessidade de controlar retransmissões devido à perda de mensagens. As conexões de transporte podem ser baseadas em serviços orientados a conexão como o TCP (confiável e seguro) e não orientados a conexão como o UDP (rápido, mas não tão confiável).

A camada transporte é ainda responsável pela separação entre as camadas que tratam o meio físico (física, enlace e rede) e as que tratam a aplicação (sessão, apresentação e aplicação).

Os protocolos da camada transporte são SPX do Netware e TCP e UDP da família TCP/IP.

3.2.5 Camada sessão

Uma das principais funções da camada sessão é sincronizar o diálogo, ou seja, a recepção com a transmissão. Essa camada ainda tem a capacidade de recuperar conexões de transporte sem perder a conexão de sessão. Observamos claramente essa capacidade quando baixamos um arquivo atachado ao e-mail e, por algum motivo, a conexão cai. Quando ela é restabelecida, o arquivo volta a ser baixado partindo do ponto que parou e não do começo, ou seja, a conexão de sessão continuou ativa.

3.2.6 Camada apresentação

A função da camada apresentação é traduzir formatos e sintaxes, para que possam ser compreendidos pelos dois subsistemas que estão se comunicando. Por exemplo, a conversão dos caracteres do padrão IBM de mainframe EBCDIC no padrão ASCII, além de traduções de representações numéricas.

Outra função extra que pode ser executada por essa camada é a compressão e criptografia dos dados de forma transparente à camada de aplicação.

3.2.7 Camada aplicação

Essa camada disponibiliza às aplicações os meios para acessar o ambiente de comunicação realizando, portanto, a interface entre o protocolo de comunicação e o aplicativo utilizado na rede. Os serviços mais comuns incluem correio eletrônico, transferência de arquivos, serviço de diretório, acesso a bancos de dados e gerência de rede.

> **FIQUE DE OLHO!**
>
> O modelo OSI é uma referência que definiu a base para todo o desenvolvimento tecnológico da área de redes de computadores. Procure compreender bem o funcionamento de cada uma das camadas, pois esses conhecimentos são fundamentais para um profissional na área de redes de computadores.

3.3 Métodos de transporte

Existem diversos métodos de transporte em redes, mas em geral eles estão relacionados com as características físicas do meio de transporte. Os principais meios de transporte utilizados em redes: cabos (cobre, coaxial, blindado), fibra óptica, ondas de rádio e satélite.

A comunicação nesses meios pode ocorrer basicamente por dois tipos de enlace:

- **Enlaces ponto a ponto:** nesses enlaces existem apenas dois pontos na comunicação, ou seja, um em cada ponta.
- **Enlaces ponto multiponto:** nesses enlaces podem existir três ou mais pontos de comunicação. Neste caso, a mensagem enviada por um ponto pode ser recebida por duas ou mais estações. Esse tipo de enlace é muito utilizado por sistemas de broadcast com Reuters, Agência Estado etc.

A comunicação nos enlaces pode ocorrer em três modos, como já citamos no capítulo anterior:

- **Simplex:** a comunicação ocorre apenas em um sentido no canal de comunicação. Exemplos de sistema simplex são a televisão tradicional e o rádio. Existe um canal ou enlace de comunicação, porém apenas recebemos os sinais, ou seja, só são transmitidos em uma única direção da emissora para os aparelhos de TV.
- **Half duplex:** a comunicação pode ocorrer nos dois sentidos, porém não simultaneamente, ou seja, apenas pode ocorrer uma comunicação por vez. Por exemplo, os sistemas de comunicação por rádio portátil em que apenas um pode falar em determinado instante. Esses sistemas possuem mecanismos para sincronizar a comunicação. No caso do rádio portátil, o usuário fala CÂMBIO para liberar o canal para que a outra ponta possa falar.
- **Full duplex:** o mesmo canal pode ser utilizado pelas duas pontas ao mesmo tempo. É possível falar e ouvir simultaneamente. Os sistemas telefônicos tradicionais e celulares são baseados em configurações do tipo full duplex.

3.4 Topologias

A topologia de rede está intimamente ligada à disposição dos computadores na rede, como e de que forma eles estão interligados. Vamos ver que, de acordo com a topologia empregada, existem mudanças em algumas características, como protocolos utilizados, sinalização, endereçamento, capacidade de reconfiguração e de redundância, velocidade, banda e performance.

Quando as topologias foram criadas, cada uma atendia a uma necessidade específica. Lembre-se de que estamos tratando de características de topologia física e da subcamada MAC da camada de enlace, portanto, para os protocolos de camadas superiores não fazem diferença o meio físico e a topologia que estão sendo empregados.

As três topologias de rede básicas que vamos detalhar são:

- barramento;
- estrela;
- anel.

3.4.1 Barramento

O barramento foi uma das primeiras topologias de rede lançadas. Devido à facilidade de expansão de novas máquinas na rede, foi a tecnologia que mais prosperou. As redes Ethernet surgiram do barramento. Todas as estações ficam diretamente conectadas em um cabo que é o meio físico compartilhado por todas elas. A inclusão de novas estações no cabo era uma tarefa relativamente simples. Bastava incluir um conector do tipo T no cabo e inserir mais uma estação.

Nesse tipo de topologia, as estações precisam escutar o barramento para verificar se ele está livre, para iniciar a transmissão. Nesse processo podem ocorrer alguns eventos como a colisão, que será estudada em detalhes no capítulo de "Tecnologias de Frame". A Figura 3.5 mostra a disposição dos computadores conectados pelo barramento.

Figura 3.5 - Estações conectadas no barramento.

A configuração em barramento auxilia a transmissão de pacotes do tipo broadcast, uma vez que todas as estações estão diretamente conectadas ao meio.

O desempenho de uma rede baseada em barramento varia de acordo com o número de estações, o tipo do cabo utilizado e a utilização da rede pelas estações e aplicações.

3.4.2 Anel

A topologia em anel foi lançada pela IBM com o surgimento do token ring, que veremos em detalhes nos próximos capítulos. Nesse tipo de topologia de rede as estações estão conectadas em um caminho fechado, diferentemente do barramento. A grande diferença entre as redes em anéis e em barramento é que a estação não pode transmitir no anel a qualquer momento, mas apenas quando recebe uma autorização chamada de token ou bastão.

As mensagens são transmitidas geralmente em apenas um sentido no anel. Ocorre a mudança de sentido apenas quando existe uma ruptura do anel. Nesse caso, os sistemas de proteção atuam permitindo que as mensagens trafeguem no sentido inverso.

Quando uma mensagem é colocada no anel, ela circula por ele até que a estação destino retire, ou então até retornar à estação que enviou a mensagem. Esse último procedimento é o que permite o envio de mensagens do tipo broadcast.

Esse tipo de arquitetura é mais complexo que o barramento e uma das estações fica responsável por gerenciar o anel. Alguns erros de transmissão podem fazer com que a mensagem circule infinitamente no anel.

Por outro lado, a grande vantagem do uso de uma arquitetura em anel é que não existe o processo de colisão. Como apenas uma mensagem trafega por vez no anel, não há como duas estações transmitirem ao mesmo tempo. A Figura 3.6 apresenta a topologia em anel.

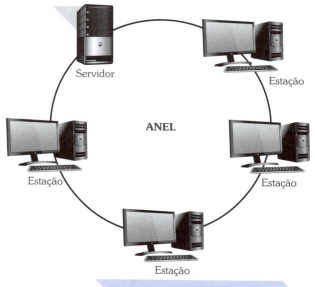

Figura 3.6 - Topologia em anel.

FIQUE DE OLHO!

A topologia em Anel revolucionou os conceitos de rede local. Na década de 1980, a IBM revolucionou o mercado de redes com o token ring, introduzindo um novo conceito de redes que trabalhavam de 4 a 16 Mbps. Essa arquitetura opera a uma velocidade de transmissão de 4 a 16 Mbps com um acesso determinístico a rede, ou seja, sem a temida colisão do Ethernet.

Embora esta tecnologia tenha sido amplamente utilizada em mainframes e algumas redes locais, ao longo dos anos entrou em desuso devido a limitações de instalação e de não crescer a velocidades mais elevadas, como temos no Ethernet atualmente.

3.4.3 Estrela

Na topologia em estrela, todas as estações estão diretamente conectadas com o equipamento central. A comunicação entre dois equipamentos passa obrigatoriamente pelo equipamento central, que como função realiza a comutação das mensagens baseadas em técnicas de pacotes ou por circuitos, além de realizar o controle e a supervisão da rede.

Nas redes baseadas em estrela, se ocorre uma falha em uma estação, apenas aquela estação fica fora, não afetando a rede como um todo, entretanto se ocorre uma falha e o nó central cai, a rede toda cai.

A expansão de novas estações na rede também fica limitada à quantidade de portas existentes no equipamento central da rede. Se não houver mais portas para expandir, o equipamento necessita ser substituído ou, então, precisamos agregar um novo equipamento à rede, conectado diretamente ao equipamento atual, expandindo assim o número de portas disponíveis. Essa arquitetura centralizada apresenta uma série de vantagens como o fácil gerenciamento e supervisão da rede a partir do equipamento central.

Por outro lado, a performance da rede fica limitada à capacidade de esse equipamento central comutar os pacotes. Apenas para ficar mais clara a explicação, esse equipamento central pode ser um hub ou um switch. A Figura 3.7 apresenta a topologia de rede em estrela.

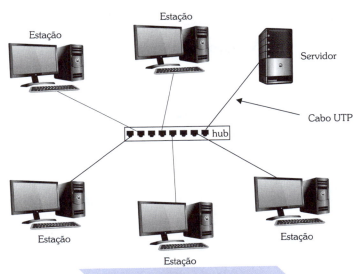

Figura 3.7 - Topologia em estrela.

3.4.4 Topologias híbridas

Existem ainda as topologias híbridas que utilizam duas das topologias apresentadas. Um exemplo é a topologia anel estrela, na qual combinamos o anel com um equipamento central que gerencia e executa as comutações entre as estações. Nessa topologia, o equipamento central pode possuir relés de proteção que automaticamente fecham o anel no caso de uma das estações ficar fora do ar, impedindo que a rede caia. As redes token ring trabalham desse modo e o equipamento localizado no ponto central da rede é conhecido como MAU. A Figura 3.8 exibe a topologia híbrida anel estrela.

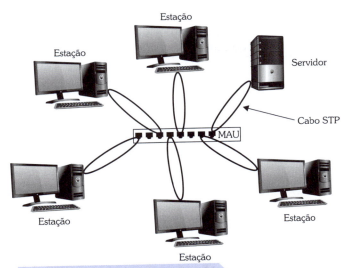

Figura 3.8 - Topologia anel estrela.

Existem ainda topologias híbridas baseadas no barramento com a estrela. Esta é a topologia de rede mais utilizada no mercado. Os hubs e switches têm o papel de criar uma estrela com uma conexão direta a cada estação de rede. O barramento que antes era representado por um único cabo continua a existir, porém, dentro do barramento do hub ou switch, essa característica facilita muito o gerenciamento centralizado da rede. A Figura 3.9 apresenta a topologia barramento em estrela. Observe no desenho que o barramento continua a existir, porém localizado internamente no equipamento.

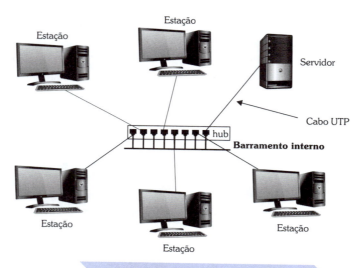

Figura 3.9 - Topologia barramento estrela.

De forma a facilitar a compreensão de benefícios e fraquezas de cada uma das topologias, elas estão relacionadas na Tabela 3.1. No caso das topologias híbridas, conseguimos agregar os benefícios das duas topologias de forma a criarmos uma solução mais robusta e adequada.

Tabela 3.1 - Benefícios e fraquezas das topologias

Topologia	Benefícios	Fraquezas
Barramento	A instalação é muito fácil e depende apenas de expandirmos o cabo com mais conectores.	Se o cabo partir, os pedaços da rede ficam completamente isolados.
	Existe uma economia substancial da quantidade de cabos necessária, comparando com a topologia em estrela.	A administração da rede é excessivamente complexa, porque fica difícil identificarmos os problemas.
	O investimento é pequeno para criarmos a rede.	Devido a limitações da mídia utilizada, não trabalha com velocidades superiores a 10 Mbps.
		Está sujeita a colisões, o que diminui a performance.
		Não conseguimos controlar, administrar e priorizar o consumo da banda por determinado usuário.

Tabela 3.1 - Benefícios e fraquezas das topologias

Topologia	Benefícios	Fraquezas
Anel	A instalação já se torna um pouco mais complexa.	Dependendo do tipo de configuração, se não for baseada no transporte bidirecional ou mesmo possuir proteção no cabo, se uma estação parar, a rede toda para.
Anel	Existe uma economia substancial da quantidade de cabos necessária, comparando com a topologia em estrela.	O controle de sinalização das mensagens no anel é complexo e no caso de falhas uma mensagem pode trafegar no anel infinitamente.
Anel	Não existem a colisão e o desempenho da rede, portanto é mais uniforme.	O desempenho de uma arquitetura em anel é médio e pode ser de 4 ou 16 Mbps no caso do uso do FDDI a 100 Mbps.
Anel	Requer um cabo blindado de melhor qualidade e rigidez elétrica que no barramento.	O custo dos equipamentos é superior à adoção do barramento.
Anel	É uma arquitetura com o comportamento mais controlado que no barramento.	
Estrela	A topologia é mais tolerante a falhas. Caso uma estação caia, a rede continua funcionando.	Custo maior de instalação porque requer mais cabos.
Estrela	A instalação é um processo simples, basta conectar o cabo da estação ao hub/switch.	Caso o equipamento central falhe, a rede toda cai.
Estrela	O gerenciamento das estações e dos cabos é mais fácil a partir do momento que possuímos um equipamento centralizado.	O investimento é mais elevado porque o equipamento central possui o preço superior ao investimento no caso da topologia em barramento e em anel.
Estrela	O troubleshooting e a descoberta de problemas na rede são muito mais simples.	
Estrela	O desempenho é alto podendo trabalhar, no caso do Ethernet, em velocidades como 10/100/1000/10000 Mbps.	

3.5 Dispositivos de rede

Neste item vamos apresentar os principais dispositivos de rede. São eles: placa adaptadora de rede, hub, switch, estação cliente, estação servidora, e estação e software de gerenciamento de rede.

3.5.1 Placa adaptadora de rede

A placa adaptadora de rede, também conhecida como NIC (Network Interface Card), é a responsável pela conexão do computador à rede. Todos os computadores e dispositivos que fazem parte da rede necessitam de uma placa de rede.

A placa de rede tem as seguintes funções: recebe os dados a serem transmitidos na rede pelo driver da placa, monta-os no frame correspondente ao protocolo de rede, por exemplo, no caso do barramento no padrão Ethernet, serializa as informações em níveis de 0 e 1 e envia pelo meio de transmissão.

Tomando como exemplo a Ethernet, devemos lembrar que a placa executa todas as funções do CSMA/CD (veja próximo capítulo). A mensagem só é transmitida no meio se ele não estiver ocupado e no caso de acontecer alguma colisão, a placa de rede se responsabiliza por controlar e retransmitir as mensagens.

Cada placa de rede possui um endereço MAC que é único, formado por um identificador do fabricante, por exemplo, "3Com", seguido por um sufixo de identificação da placa, o que garante a unicidade do cartão, ou seja, cada placa de rede tem um endereço próprio.

A placa está sempre escutando o meio, porém, só recebe os pacotes nos quais o endereço MAC destino corresponda ao seu endereço, a não ser os pacotes de broadcast (pacotes com o último endereço da rede normalmente .255) que, devido à sua finalidade, são recebidos por todas as estações da rede.

A placa de rede se comunica com o computador instalado por um driver de comunicação, que se integra ao sistema operacional, realizando a troca de informações com ele.

Geralmente, encontramos placas de rede com barramento PCI. Existem no mercado diferentes placas de redes, como adaptadores para Ethernet (10 Mbps), Fast Ethernet (10/100, as placas mais comuns), Gigabit Ethernet, 10 Gigabits Ethernet, ATM, token ring, FDDI etc. A Figura 3.10 apresenta placas adaptadoras de rede.

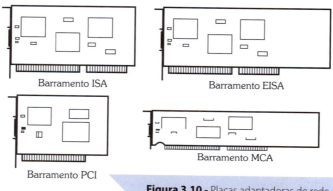

Figura 3.10 - Placas adaptadoras de rede.

3.5.2 Hub

O hub foi o primeiro equipamento utilizado para implementar as redes na configuração estrela. Um hub nada mais é do que um equipamento que amplifica, regenera e repete sinais elétricos. A arquitetura interna de um hub e o seu funcionamento são muito simples. O hub pode receber frames em todas as suas portas provenientes das estações conectadas na rede. Sua função é simplesmente regenerar e copiar para todas as outras portas do hub, criando assim o barramento na rede. Como o hub trata apenas o sinal elétrico, o seu processamento é muito rápido, por isso dizem que os hubs não inserem latência na rede.

Os hubs podem ser gerenciáveis e não gerenciáveis. Os gerenciáveis disponibilizam para a estação de gerenciamento algumas informações coletadas pelo agente de gerência, como status das portas, do hub e particionamento. Como os hubs são simplesmente repetidores de sinais, eles não podem conviver com interfaces de diferentes velocidades. Isso quer dizer que um hub que é puramente Ethernet 10 Mbps deve necessariamente ter todas as portas 10 Mbps, diferente de um switch que veremos adiante. Existem hubs Ethernet a 10 Mbps e Fast Ethernet a 100 Mbps.

Os hubs, em geral, possuem módulos na parte traseira em que podemos inserir um transceiver para a conexão remota, usando fibra óptica. Os hubs são baratos e eficientes, porém devido à sua característica de replicar o tráfego em todas as portas, não são considerados equipamentos seguros. Eles facilitam a ação de hackers que utilizam softwares do tipo sniffer para coletar informações na rede.

Todas as portas de um hub pertencem a um mesmo domínio de colisão e de broadcast, justamente por se tratar de um barramento. A tendência natural é que com a diminuição da diferença de preço entre hubs e switches, os hubs sejam substituídos por switches. Na Figura 3.11 veja a foto de um hub.

Figura 3.11 - Hub.

3.5.3 Switch

O switch é um equipamento de rede que trabalha na mesma camada do modelo OSI do hub, a camada de enlace ou camada 2, entretanto, enquanto o hub trabalha apenas como um repetidor de sinais, ou seja, todo o sinal que chega em uma porta é repetido para as outras, o switch trabalha de uma maneira mais inteligente. Os frames de uma estação origem são copiados apenas para a porta em que se encontra a estação destino da mensagem, criando em cada porta do switch um domínio de colisão distinto.

Os próximos capítulos deste livro apresentam uma descrição detalhada dos switches e das diferentes tecnologias de switching. A Figura 3.12 mostra a foto de um switch departamental.

Figura 3.12 - Switch departamental.

3.5.4 Estação cliente

Entende-se por estação cliente a estação de trabalho que se encontra conectada na rede. Essas máquinas devem possuir a interface adaptadora da rede. Uma máquina é uma estação cliente ou uma usuária da rede quando ela utiliza os serviços disponibilizados pela rede. Por exemplo, uma estação pode ser usuária de um serviço de e-mail disponibilizado pela rede, de um sistema de banco de dados, de um sistema de arquivos e diretórios.

Em geral, as máquinas que são clientes da rede não necessitam de disco nem de capacidade de memória muito grandes, pois, dependendo da aplicação que será executada nela, a maior parte do processamento será realizada pela máquina servidora e não pela cliente. Este é o princípio usado por todas as aplicações de rede baseadas no modelo cliente/servidor. A Figura 3.13 mostra uma rede local baseada em barramento com as estações cliente e o servidor.

Figura 3.13 - Rede local em barramento.

3.5.5 Estação servidora

É uma estação de maior capacidade de hardware, incluindo discos mais rápidos e de maior capacidade, bastante memória RAM, além de ser uma máquina com vários processadores, também chamada de multiprocessada. Essas máquinas, como prestam um serviço essencial ao funcionamento dos aplicativos na rede, podem ainda possuir unidades de disco redundante, segundo um padrão de redundância conhecido como RAID.

Os servidores, ao contrário das estações cliente, servem a rede, ou prestam serviços à rede. A parte pesada das aplicações, a chamada aplicação server, é executada nessas máquinas. Por exemplo, um servidor de e-mails é responsável por gerenciar as caixas postais dos usuários, estabelecer a comunicação com as estações cliente e com os servidores de e-mail destino das mensagens. Essas máquinas são de alta performance, pois um mesmo servidor de e-mail pode gerenciar milhares de caixas postais de usuários de e-mail.

Os servidores prestam serviços fundamentais à rede. Entre os principais serviços prestados por servidores, podemos destacar:

- **Servidores de aplicação:** exemplo: Lotus Notes.
- **Servidores de arquivos:** exemplo: Netware ou Microsoft NT.
- **Servidores de impressão:** gerenciam e controlam as impressões na impressora.
- **Servidores de e-mail:** exemplo: Exchange.
- **Servidores web:** exemplo: Apache.

3.5.6 Estação de gerência

Na estação de gerência, executa-se o software de gerenciamento de rede, o qual se comunica com os diversos dispositivos conectados na rede e troca informações de gerência, usando um protocolo específico chamado SNMP (Simple Network Management Protocol). As informações de gerência que são coletadas e apresentadas aos usuários das plataformas de gerência são:

- **Trap:** é uma mensagem enviada por um dispositivo de rede à estação de gerência quando algum indicador na rede é superado. Por exemplo, quando configuramos a rede, podemos determinar que em um segmento o dispositivo de rede deve avisar quando a taxa de utilização estiver acima de 25%. Quando esse evento ocorre, um trap é enviado diretamente à estação de gerenciamento informando o evento.

- **Alarme:** é um evento mais crítico que um trap. Um dispositivo envia um alarme para a estação de gerenciamento quando, por exemplo, apresenta uma temperatura acima da desejável, podendo indicar que o equipamento pode estar prestes a apresentar um defeito. Esse evento é enviado para a estação como um alarme. Outro exemplo de alarme é quando um link de comunicação entre dispositivos sai do ar. Isso pode ser causado pela queda da transmissão ou mesmo um cabo UTP ou óptico partido ou desconectado.

- **Informações da MIB (Management Information Base):** é uma base de dados com informações estatísticas do dispositivo de rede, como colisões, taxa de utilização, nós que mais utilizam a rede etc. Essas informações são lidas pela estação de gerência de tempos em tempos. A frequência de leitura dos dados da MIB é conhecida como tempo de pooling.

Case empresa Ericatour

A empresa Ericatour deseja criar uma rede para um novo escritório. Por questões orçamentárias a empresa optou por utilizar uma arquitetura baseada em hubs e swiches. Essa topologia pretende atender a duzentas estações. Como premissa considerou-se que os usuários estariam conectados via hub a 100 Mbps. Haveria ainda um switch central ao qual estariam conectados os servidores de rede.

A ideia da rede é justamente disponibilizar os aplicativos corporativos.

Para resolver este case, devemos considerar a conexão de pelo menos uma porta do hub ao switch, e as outras portas são ligadas a estações. Utilizaremos hubs de 24 portas e um switch departamental de 12 portas.

Portanto, vamos precisar de nove hubs (para atender à quantidade de estações) e um switch departamental. A Figura 3.14 apresenta a solução para o case da empresa Ericatour.

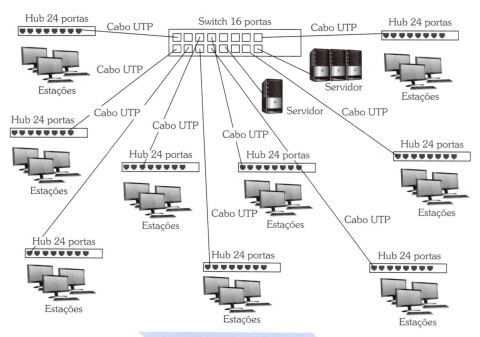

Figura 3.14 - Case Ericatour.

VAMOS RECAPITULAR?

Neste capítulo apresentamos os elementos de uma rede local, o histórico das redes de computadores, a padronização (modelo OSI), principais topologias e métodos de transporte em redes locais.

AGORA É COM VOCÊ!

1. Indique qual dos dispositivos seguintes não pertence a uma rede local:

    a. Estação cliente.

    b. Multiplexador.

    c. Hub.

    d. Estação servidora.

    e. Software de gerência.

2. "A placa de rede não necessita de driver de comunicação para trocar informações com o sistema operacional da rede. O driver, na verdade, existe apenas para corrigir bugs dos adaptadores de rede". Esta afirmação é verdadeira ou falsa? Justifique.

3. Indique qual dos equipamentos seguintes corresponde a um equipamento de concentração de rede:

    f. Multiplexador.
    g. Roteador.
    h. Switch.
    i. Firewall.
    j. Modem.

4. Marque V (Verdadeiro) ou F (Falso) para as afirmações a seguir:

    ( ) O alto custo das unidades de disco rígido foi um dos motivadores do crescimento das redes.

    ( ) O editor de textos não gerou demanda para o uso das redes de computadores porque o custo/benefício não compensava, se comparado com o uso de máquinas de escrever.

    ( ) O tráfego de rede possui um comportamento predominantemente local, com 80% dos acessos a estações locais e 20% dos acessos a estações localizadas remotamente.

    ( ) Lantastic e Netware são exemplos de soluções precursoras para redes de computadores.

    ( ) Hoje, o uso da rede para comunicação e troca de mensagens é secundário, pois a sua principal utilização é o compartilhamento de recursos.

5. Lembrando que as mensagens são transmitidas serialmente no meio de transmissão, faz-se necessária a montagem de um quadro de transmissão, conhecido como frame. No contexto do modelo OSI, qual a camada fica com a responsabilidade de montar esses quadros?

6. Por que o modelo OSI é conhecido como um sistema aberto?

7. Faça o relacionamento entre as colunas:

    a. Camada física   ( ) Endereçamento MAC
    b. Camada transporte   ( ) Converte dados (EBCDIC-ASCII)
    c. Camada enlace   ( ) Especifica o sinal elétrico
    d. Camada apresentação ( ) Promove transmissão fim a fim

8. Qual a topologia mais apropriada para o uso de fibras ópticas?
9. Cite três vantagens e três desvantagens das seguintes topologias de rede:
   a. Barramento
   b. Anel
   c. Estrela
10. Os hubs foram criados no final dos anos 1980 como repetidores multiportas. Estes dispositivos, quando recebem um sinal, o repetem para todas as portas. Porém esse mecanismo também facilita o processo de colisão. Para diminuir esse problema, qual o equipamento que substituiu o hub e ajudou a reduzir o efeito da colisão?

4

NORMAS E CONVENÇÕES DE REDES

PARA COMEÇAR

Este capítulo tem como objetivo compreender as principais normas, convenções e padrões de redes e como os mesmos foram estabelecidos através de organismos de padronização. No texto será explicado em detalhes o padrão Ethernet, o mais usado mundialmente.

4.1 Órgãos de padronização

A padronização das redes de computadores foi essencial no início da década de 1980, e um dos principais motivos do grande crescimento observado nas redes. Antes da criação do modelo OSI pela ISO, em 1982, os sistemas eram todos baseados em soluções proprietárias e não permitiam a interoperabilidade dos fabricantes. Tal fato gerava um grande desconforto aos usuários da tecnologia, que ficavam atrelados a soluções de um único fabricante. Se eles decidissem comprar a solução de uma determinada marca, eram obrigados a expandir com a mesma marca, o que era ótimo para o proprietário e péssimo para o cliente, principalmente na hora de negociar preço.

Os padrões foram criados para permitir que uma solução tecnológica única e padronizada pudesse ser implementada por diferentes fabricantes. Inicialmente os fabricantes acreditavam que a padronização limitasse a expansão tecnológica, mas ao longo dos anos os fabricantes implementavam o padrão e ofereciam a seus clientes, como uma solução de valor agregado, avanços tecnológicos como uma "extensão ao padrão". Essa extensão ao padrão, no entanto, não era padronizada.

As extensões ao padrão foram se incorporando. Por motivo, os padrões de comunicação não são fixos, estão sempre sofrendo constantes atualizações propostas pelos fabricantes e desenvolvedores de tecnologias. No caso específico de protocolos, antes da adoção de padrões era necessário o uso de gateways de comunicação que realizavam a conversão de protocolos. Se existisse um sistema com um protocolo proprietário, ele só conseguiria se comunicar com um sistema que possuísse um protocolo proprietário B se houvesse um gateway que compreendesse os dois protocolos e possibilitasse a interconectividade. A Figura 4.1 ilustra o papel do gateway.

Figura 4.1 - O papel do gateway.

A padronização em redes de computadores pode ser dividida em dois tipos:

- padronização da indústria;
- padronização de fato.

Case Empresa ACME

Imagine que na empresa ACME o gerente de IT tem um problema grave, seus sistemas não interoperam, ou seja, eles não conseguem trocar informações entre si. Na rede local foi escolhido usar protocolos DECNET que não são padrão, desta maneira não existe interoperabilidade com o mainframe que trabalha com o SNA, que também é uma arquitetura proprietária. A solução para este problema seria adotar um padrão aberto como o TCP/IP, que vamos estudar mais adiante, tanto no mainframe como na rede local. A Figura 4.2 esquematiza o problema da empresa ACME.

Já a Figura 4.3 apresenta a solução de interconectividade usando para isso o padrão de comunicação TCP/IP.

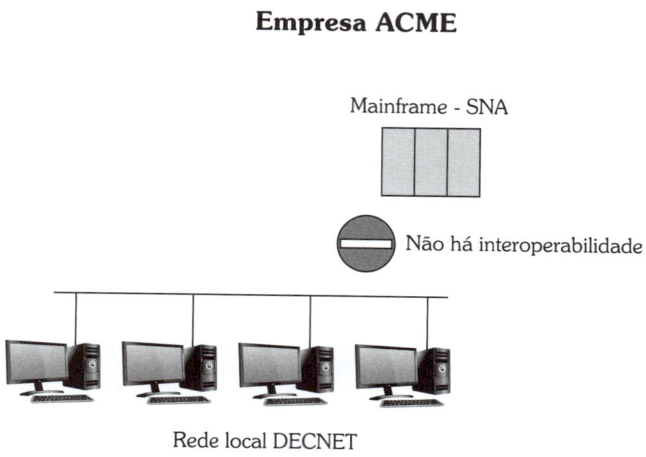

Figura 4.2 - Empresa ACME sem interoperabilidade.

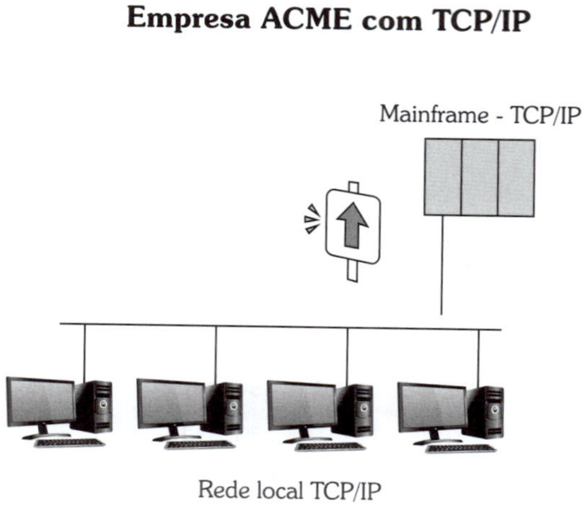

Figura 4.3 - Empresa ACME com interoperabilidade usando o TCP/IP.

4.1.1 Padronização da indústria

É o tipo de padronização formal. Em geral esses padrões são desenvolvidos por entidades de padronização que funcionam como um grande fórum, do qual fazem parte:

- **Representantes das indústrias:** funcionários das empresas que desenvolvem tecnologia são indicados para o fórum. Os funcionários, além de representar os interesses das empresas, propõem extensões a padrões existentes desenvolvidos pela empresa e trazem inovações definidas pelo fórum para que sejam internamente desenvolvidas de forma que os seus produtos fiquem aderentes ao padrão.
- **Representantes dos governos:** os governos com os seus departamentos de pesquisa e desenvolvimento são, além de um grande usuário das tecnologias, interessados no desenvolvimento e padrões. Lembre-se de que o fortalecimento dos padrões e do desenvolvimento tecnológico é uma grande fonte de recursos para um país, daí a participação e a preocupação estratégica dos governos nos órgãos de padronização. O governo dos Estados Unidos, por exemplo, atua constantemente nos fóruns de definição de protocolos de segurança e criptografia. A ideia vai muito além da padronização, do interesse político, para que alguns novos algoritmos de criptografia não sejam exportados para países hostis aos Estados Unidos.
- **Representantes dos laboratórios das universidades:** as atividades de pesquisa e o desenvolvimento tecnológico que ocorrem nas universidades é uma constante. Muitas vezes, uma nova tecnologia é criada e a padronização nasce exatamente a partir da participação dos pesquisadores do fórum.
- **Representantes dos usuários:** correspondem a grupo de usuários de determinada tecnologia que, em geral, são os grandes clientes dos fabricantes. Os usuários utilizam a tecnologia diariamente e conseguem opinar sobre o melhor uso e mudanças que podem ocorrer que facilitem o dia a dia de quem utiliza a solução.

Os principais organismos de padronização em sistemas de comunicação são:

- IEEE;
- ANSI;
- ISO;
- ITU-T (antigo CCITT).

IEEE (Institute of Electrical and Electronics Engineers)

Possui engenheiros elétricos e eletrônicos de praticamente todos os países do mundo. A contribuição do IEEE é muito grande na definição de padrões. O IEEE sempre esteve conectado com tudo o que ocorre nos laboratórios de desenvolvimento tecnológico das grandes universidades, tanto americanas como europeias. No Brasil, o IEEE desenvolve muitos trabalhos com as universidades públicas.

Para cada padrão IEEE existe um grupo de trabalho que desenvolve e aprimora os padrões, criando inovações. Os principais padrões que já foram e estão sendo definidos pelos grupos do IEEE são:

- **IEEE 802.1:** descreve as tecnologias de interoperabilidade de redes de computadores (internetworking).
- **IEEE 802.2:** descreve o controle de enlace lógico (Logic Link Control).
- **IEEE 802.3:** descreve a rede local Ethernet e as variantes Fast Ethernet, Gigabit Ethernet e 10 Gigabits Ethernet.
- **IEEE 802.4:** descreve a rede local do tipo token bus.

- **IEEE 802.5:** especifica a rede local do tipo token ring.
- **IEEE 802.6:** descreve redes metropolitanas (Metropolitan Area Network).
- **IEEE 802.7:** define especificações para a banda larga.
- **IEEE 802.8:** define especificações para a fibra óptica.
- **IEEE 802.9:** determina especificações para redes integradas multisserviço (voz, dados e imagem).
- **IEEE 802.10:** define especificações para segurança de redes.
- **IEEE 802.11:** descreve redes locais sem fio.
- **IEEE 802.12:** descreve redes locais do tipo 100VG-AnyLAN.
- **IEEE 802.13:** define cabos de cobre Categoria 6 para 10 Gb Ethernet.
- **IEEE 802.14:** descreve serviços IP multimídia sobre rede de TV a cabo.
- **IEEE 802.15:** especifica redes Personal Area Network como o Bluetooth.
- **IEEE 802.16:** descreve redes metropolitanas sem fio como o WiMax.

ANSI (American National Standards Institute)

É um órgão de padronização criado nos Estados Unidos, em 1918. Possui aproximadamente 1.000 associados entre empresas, organizações, agências de governo e instituições internacionais. A ANSI trabalha em parceria com a IEC (International Electrotechnical Commission), responsável pela especificação de padrões eletroeletrônicos. Além disso, ela representa os Estados Unidos na ISO (International Organization for Standardization).

Uma das maiores contribuições da ANSI à indústria de redes foi a padronização do FDDI.

ISO (International Organization for Standardization)

É uma organização internacional de padronização que pode ser considerada a maior do mundo. A ISO desenvolve e estabelece padrões em diversas áreas do desenvolvimento tecnológico e é formada por diversas organizações de diferentes países.

A maior contribuição da ISO para indústria de redes foi a padronização do Modelo de Referência OSI (Open Systems Interconnection) em 1984. Esse padrão, também chamado de padrão para "sistemas abertos", permite que sistemas de comunicação de diferentes fabricantes interoperem. Atualmente, é a maior referência utilizada por toda a indústria e desenvolvimento tecnológico na área de redes de computadores.

CCITT (Consultative Commitee International Telegraph and Telephone) - a ITU-T de hoje

O CCITT mudou de nome há alguns anos e agora é conhecido como o ITU-T (International Telecomunication Union). O ITU tem sede na Suíça e é parte integrante de uma das agências das Nações Unidas. No ITU-T governos e a indústria discutem e coordenam padrões e ações no mercado de telecomunicações.

O ITU na verdade é dividido em três departamentos:

- ITU-T responsável pela padronização em telecomunicações;
- ITU-R cuida da parte de radiocomunicação;
- ITU-D cuida do desenvolvimento da indústria.

O ITU-T possui 14 grupos de estudo voltados para diversas áreas de telecomunicações, como Sistemas Multimídia, Operação de Redes, Sinalização, Redes de Transporte, Redes de Dados e Redes de Telefonia.

Uma das principais contribuições para a indústria de redes da ITU-T foi o Livro 10, capítulo 25, que estabelece o padrão para redes de pacotes X.24.

Exemplo de outras padronizações definidas pelo ITU-T:

- padrões para conectores e interfaces DTE e DCE;
- padrões de modulação dos modems V.24, V.34, V.90 e V.92. Todos fazem parte do Livro 5 da padronização ITU-T e representaram uma grande contribuição para a comunicação de dados via modem;
- modelo de Referência para Gerência Integrada de Redes no modelo TMN.

Outras organizações

Existem outros padrões muito utilizados em redes de computadores que foram criados pelas seguintes corporações/organizações:

- **EIA (Electronic Industries Alliance):** padronização de interfaces RS 232, 449, 530;
- **IBM:** padronização do token ring e do SNA;
- **DEC:** padronização do Decnet;
- **HP:** padronização do 10 Base T;
- **AT&T:** padronização do T1, T3;
- **DoD:** padronização do TCP/IP.

4.1.2 Padronização de fato

A padronização de fato trata das tecnologias que acabaram virando padrões porque simplesmente o produto ganhou mercado. Como exemplos temos o SNA da IBM, o Windows da Microsoft e o UNIX.

4.2 Padronização de interfaces DTE/DCE

As interfaces DTE e DCE são dois dispositivos de comunicação como modems. Esses padrões definem:

- os níveis dos sinais elétricos das interfaces;
- os tipos de conectores a serem utilizados;
- a pinagem desses conectores.

Data terminal equipment (DTE)

O termo DTE é relativo ao tipo de interface no equipamento terminal. Por exemplo, um micro conectado a um modem é um equipamento terminal.

Data vommunications equipment (DCE)

O termo DCE é relativo ao tipo de interface do equipamento de comunicação.

Padrão RS-232

A recomendação RS-232 foi aprovada pela EIA (Electronic Industries Association), em 1969, como um padrão de comunicação serial. Em 1987, foi lançada uma extensão do padrão chamado EIA-232 D, com a junção da EIA com a TIA (Telecommunications Industry Association). O padrão recebeu o nome atual de EIA/TIA-232-E.

O padrão EIA/TIA RS-232 especifica dois tipos de conector: com 25 pinos do tipo DB 25 e com 9 pinos do tipo DB-9. Esses tipos de conector são utilizados por uma série de dispositivos de comunicação tanto seriais como paralelos.

O conector DB-9 é muito utilizado como primeira porta serial do PC (COM1), usado principalmente para a conexão do mouse.

A Figura 4.4 mostra os conectores DTE e DCE DB-25 do EIA/TIA 232.

Os sinais da pinagem do conector DB 25 dessa interface são:

- **Pino 1:** Shield Ground
- **Pino 2:** Transmit Data (DTE)
- **Pino 3:** Receive Data (DCE)
- **Pino 4:** Request to Send (DTE)
- **Pino 5:** Clear to Send (DCE)
- **Pino 6:** Data Set Ready (DCE)
- **Pino 7:** System Ground
- **Pino 8:** Carrier Detect (DCE)
- **Pino 9:** Reservado
- **Pino 10:** Reservado
- **Pino 11:** Select Transmit Channel (DTE)
- **Pino 12:** Secondary Carrier Detect (DCE)
- **Pino 13:** Secondary Clear to Send (DCE)
- **Pino 14:** Secondary Transmit Data (DTE)
- **Pino 15:** Transmission Signal Element Timing (DCE)
- **Pino 16:** Secondary Receive Date (DCE)
- **Pino 17:** Receiver Signal Element Timing (DCE)

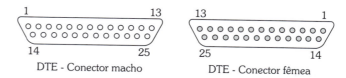

Figura 4.4 - Conectores DB-25 da interface EIA/TIA 232.

- **Pino 18:** Local Loop Control (DTE)
- **Pino 19:** Secondary Request to Send (DTE)
- **Pino 20:** Data Terminal Ready (DTE)
- **Pino 21:** Remote Loop Control (DTE)
- **Pino 22:** Ring Indicator (DCE)
- **Pino 23:** Date Signal Rate Selector (DTE)
- **Pino 24:** Transmit Signal Element Timing (DTE)
- **Pino 25:** Test Indicator (DCE)

A Figura 4.5 mostra o conector DB-9 da interface EIA/TIA 232.

Figura 4.5 - Conector DB-9 da interface EIA/TIA 232.

Os sinais da pinagem do conector DB-9 dessa interface são:

- **Pino 1:** Carrier Detect (DCE)
- **Pino 2:** Receive Data (DCE)
- **Pino 3:** Transmit Data (DTE)
- **Pino 4:** Data Terminal Ready (DTE)
- **Pino 5:** System Ground
- **Pino 6:** Data Set Ready (DCE)
- **Pino 7:** Request to Send (DTE)
- **Pino 8:** Clear to Send (DCE)
- **Pino 9:** Ring Indicator (DCE)

O RS-232 é especificado para velocidades de até 38.400 bps a uma distância máxima de três metros de cabo.

Padrões RS-422 e RS-423

Embora a EIA-232 continue sendo um dos padrões mais utilizados na comunicação serial, a EIA criou alguns sucessores desse padrão. São eles o RS-422 e o RS-424. Os novos padrões são compatíveis com os padrões EIA-232.

As principais mudanças do RS-422 e do RS-423 se comparados com o EIA-232 são:

- suporte a velocidades superiores;
- maior imunidade quanto a interferências elétricas.

Essas interfaces podem ser configuradas para trabalhar com velocidades de até 2 Mbps.

O RS-422 suporta múltiplas conexões, enquanto o RS-423 tem o mesmo comportamento do EIA-232, ou seja, ponto a ponto.

Padrão RS-485

Esse padrão foi criado pela EIA. Como um padrão para comunicação serial multiponto, ele suporta uma série de conectores, incluindo o DB-9 e o DB-37. O RS-485 é similar ao RS-422, porém com a capacidade de suportar mais nós por linha devido ao uso de baixa impedância.

O RS-485 também trabalha com velocidades de até 2 Mbps.

Padrão V.35

O V.35 é um padrão de interface de alta velocidade síncrona, definido pela ITU-T. Esse tipo de interface é padrão, incorporada pela maioria dos roteadores do mercado para a conexão de circuitos do tipo E1 a 2 Mbps.

A interface V.35 pode ser utilizada em velocidades menores, em links com taxas acima de 64 Kbps até 2 Mbps.

Padrão USB

O padrão USB (Universal Serial Bus) é uma tecnologia baseada no conceito "Plug-and-Play", que permite adicionar dispositivos para comunicação serial com computadores de uma maneira simples e transparente. Normalmente, usamos a interface para conectar pen drivers ou qualquer outra unidade de armazenamento, celulares, câmeras, impressoras, scanners, teclados, mouses, entre outros dispositivos. As interfaces USB mais utilizadas são: USB 1.0, USB 2.0, USB 3.0 e USB C.

Uma das grandes vantagens deste tipo de interface é ser completamente "hot-swapping", ou seja, os dispositivos podem ser conectados e desconectados a qualquer momento, sem a necessidade de desligar o computador. O padrão USB derivou do esforço de grandes fabricantes do mercado, como Nortel, NEC, Microsoft, HP, Intel e IBM. Atualmente, está disponível em computadores e dispositivos de todos os fabricantes sem custo adicional de patente.

Desde 1996, sistemas operacionais, como o Windows, estão equipados com drivers USB, sendo a interface utilizada globalmente em todos dispositivos e periféricos.

Ao longo dos anos, ocorreram extensos avanços com a interface serial USB. A versão 1.0 estava limitada a suportar transferências a velocidade de 12 Mbps, com o lançamento da versão 2.0, a velocidade de comunicação já havia sido ampliada em 40x, suportando uma velocidade teórica de 480 Mbps.

Em 2008, iniciaram os esforços para a criação do padrão USB 3.0. Este padrão tem a impressionante capacidade de ser 10x mais rápido que o padrão USB 2.0, podendo realizar transmissões a velocidades teóricas de 5 Gbps.

Na Figura 4.6 podemos observar o conector USB-A amplamente utilizado.

Em 2014, foi lançado e padronizado um novo conector conhecido como o USB-C, este conector

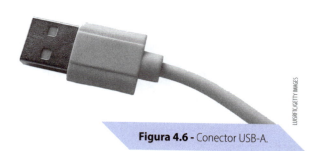

Figura 4.6 - Conector USB-A.

suporta os novos padrões lançado em 2013. como USB 3.1 que permite trabalhar a velocidades de 10 Gbps e o USB 3.2 lançado em setembro de 2017, suportando velocidades de até 20 Gbps.

Uma grande vantagem do conector C é a capacidade de suportar até 100 Watts de potência, permitindo transmitir energia para a maior parte dos computadores pessoais, suportando tanto energia como dados em um conector compacto, na Figura 4.7 podemos observar o conector USB-C.

> **AMPLIE SEUS CONHECIMENTOS**
>
> Você já imaginou um mundo sem padronização? Uma atividade corriqueira no nosso dia poderia se tornar um verdadeiro inferno sem a padronização. Imagine entrar em uma loja de calçados onde não existe um padrão de numeração dos mesmos. O cliente precisaria experimentar um número de pares de calçados muito maior para tentar descobrir qual seria mais adequado. A padronização nos calçados é fundamental para nos apoiar em uma atividade tão básica como comprar um novo sapato.
>
> Saiba mais sobre o tema no site: <https://bit.ly/2YLJRT0>. Acesso em: 12 dez. 2019.

4.3 Dispositivos de comunicação e padrões

Um dos principais dispositivos de comunicação, usado principalmente para adaptação de sinais aos meios, é o modem. Ele realiza a conversão de sinais digitais em sinais analógicos, criando diversos níveis de sons que são enviados pelo meio de transmissão analógico, por exemplo, uma linha telefônica.

Na recepção do sinal esses sons são novamente recodificados no sinal digital transmitido. O processo de conversão de "sinal digital em analógico" é denominado "modulação" e o processo de conversão do "sinal analógico em digital" é chamado de "demodulação".

Quando acessamos a internet a partir de casa, podemos fazer uso de diferentes tecnologias que utilizam vários tipos de modem. Quando usamos um serviço de acesso remoto, que vamos estudar mais adiante, estamos utilizando a linha telefônica como meio de transmissão.

Nesse processo o modem é responsável por executar as seguintes tarefas:

- Verificar o sinal de portadora da linha. Essa etapa é importante para verificar se a linha encontra-se ocupada ou mesmo muda.
- Discagem para o número de telefone do provedor.
- Estabelecimento da conexão física.
- Troca de mensagens ocorrida durante a comunicação.
- Desconexão quando do término do uso do acesso.

Esses modems comuns utilizados para o acesso discado à internet são analógicos de baixo custo e amplamente utilizados. Atualmente todo computador vendido já vem com um modem analógico instalado. Esse tipo de modem utiliza o canal de voz de 4 KHz para as suas transmissões.

Como o sistema telefônico permite a transmissão até 8 KHz, os modems trabalham com dois canais, um de recepção e outro de transmissão.

Na Figura 4.8, podemos observar a filtragem do canal de voz a 4 KHz e o aproveitamento da banda extra pelo modem para a criação do canal de upstream.

Os modems analógicos trabalham segundo padrões definidos pela ITU-T. Os padrões mais comuns que vamos detalhar um pouco mais são:

- V.34
- V.34 bis
- V.90
- V.92

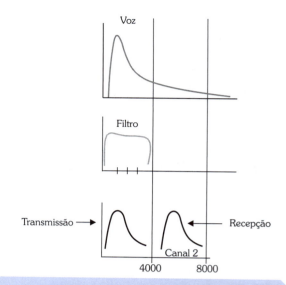

Figura 4.8 - O canal de voz e sua utilização pelo modem.

Além dos modems analógicos, existem novas tecnologias que permitem o acesso à internet em alta velocidade baseado em modems xDSL. Essas tecnologias exploram toda a banda disponível no par de cobre metálico dos telefones, disponibilizando larguras de banda de até 8 Mbps, contra os 56 K que é a velocidade máxima alcançada por um modem tradicional V.90.

Padrão V.34

O padrão V.34 especifica um modelo de transmissão que pode ser síncrono ou assíncrono, que trabalha com velocidades de 28.8 K. Esse padrão foi lançado em 1994.

Esses modems acabaram sendo substituídos por modems V.34 bis e V.90.

Padrão V.34 bis

O V.34 bis nada mais é do que um modem padrão V.34 trabalhando com técnicas de compressão de dados V.42 bis, permitindo ao modem alcançar velocidades na casa de 34.6 kbps. Eles trabalham com transmissão assíncrona.

Padrão V.90

Os modems V.90 trabalham com velocidades superiores aos outros padrões, alcançando até 56 Kbps. Essa tecnologia pressupõe que uma das pontas esteja conectada a uma central telefônica digital. Assim, essa tecnologia permite tirarmos proveito desta condição. Entretanto, se alguma central por onde a chamada passou não for digital, o modem não consegue conexão a esta velocidade. A Figura 4.9 apresenta a topologia do V.90.

A comunicação em um modem V.90 é assimétrica. Isso significa que a velocidade de recepção de dados é de 56 K, entretanto a velocidade de transmissão de arquivos é de 33,6 K. Como na internet recebemos muito mais informações do que enviamos, essa particularidade não afeta muito o serviço.

Figura 4.9 - Topologia do V.90.

A velocidade de 56 Kbps nem sempre é atingida porque a distância máxima do modem até a central não pode exceder quatro quilômetros para que o modem trabalhe nesta velocidade.

Padrão V.92

É uma evolução do V.90 que trabalha também com velocidades de 56 Kbps, entretanto este padrão traz algumas inovações:

- A velocidade de transmissão upload passa de 33,600 bps para 40 Kbps.
- O modem possui conexão mais rápida: como o V.92 armazena algumas características da conexão, ele consegue em uma segunda conexão fazê-la mais rapidamente.
- O modem possui algumas características extras, como modem on hold, permitindo a sinalização ao usuário quando a linha recebe uma chamada, possibilitando a suspensão temporária da conexão e a retomada após o atendimento da chamada.

O V.92 ainda não é realidade no Brasil porque as operadoras de telefonia não estão com seus servidores de acesso remoto preparados para trabalhar com essa tecnologia.

Padrão xDSL

Este é um padrão para linha digital no assinante. Essa tecnologia permite que o mesmo par de cobre usado na conexão telefônica possa ser utilizado para transmitir dados em frequências mais elevadas. As tecnologias xDSL são conhecidas como linhas digitais de assinantes, como o ADSL (linha digital de assinante assíncrona), alcançam velocidades de até 6 Mbps, ou 100 vezes maiores do que a velocidade de um modem analógico. O serviço de acesso xDSL fica conectado 24 horas por dia, e além disso, permite que a linha telefônica fique livre para receber e realizar chamadas. As tecnologias ADSL para assinantes domésticos vêm tornando-se cada dia mais acessíveis, o que justifica a grande migração de usuários que utilizavam o acesso discado (modem) para a banda larga.

Padrão GPON Fibra Óptica

O padrão GPON (Gigabit Passive Optical Network) é um sistema de transmissão baseado em cabeamos de fibra óptica muito utilizado principalmente para o uso de sistemas de links de internet Fibra Óptica para empresas e para usuários domésticos, também conhecido como o FTTH, ou "Fiber to the Home", no português fibra até a sua casa.

O GPON termina em um dispositivo óptico eletrônico como um switch óptico e, na ponta do usuário, um modem óptico. O limite da velocidade é estabelecido pelo switch, uma vez que a fibra apresenta uma capacidade muito superior às velocidades oferecidas.

NORMAS E CONVENÇÕES DE REDES

O GPON utiliza o conceito de comutação de células, ou seja, no ATM (Assynchronous Transfer Mode), normalmente suportando enlaces ópticos de 155 Mbps ou 622 Mbps.

Uma das grandes vantagens do GPON é de ser um sistema simétrico, e, portanto, é possível termos a mesma velocidade de upload e de download, além disso é um sistema ideal para atuar no que se conhece como "triple-play", que é oferecer dados, voz e tv a cabo em uma mesma mídia. Com a grande capacidade da fibra, podemos transmitir múltiplos canais em Alta resolução, navegar a internet em banda larga e realizar chamadas de voz com qualidade e precisão.

Como todas as operadoras possuem grandes backbones baseados em rede IP e Ethernet, existe um processo contínuo de substituição do GPON baseado em tecnologia ATM, de comutação de células para o EPON, que usa quadros Ethernet na transmissão e não mais células.

FIQUE DE OLHO!

Você imaginaria que o padrão Ethernet poderia ter sido criado no Havaí? Muitas pessoas atribuem ao Havaí apenas as ondas gigantes, ao surf e a natureza exuberante, mas foi bem aí que nos anos 1970 foi criada a base para o protocolo de comunicação de rede local mais utilizado no mundo, o Ethernet. Este protocolo foi oficialmente criado e patenteado por um engenheiro da Xerox conhecido como Metcalfe, que em 1979 revolucionou o mercado criando a 3Com.

4.4 Ethernet

O Ethernet nasceu da padronização do 802.x, entretanto, o padrão já vinha sendo desenvolvido muito antes. O projeto inicial do Ethernet veio de uma rede desenvolvida em 1971, pela Universidade do Havaí, conhecida como ALOHA – termo que, na língua nativa do Havaí, significa "olá". Baseado no projeto desenvolvido pela universidade, o Centro de Desenvolvimento Tecnológico da Xerox desenvolveu o que se tornou o CSMA/CD (Carrier Sense Multiple Access with Collision Detection). Essa rede permitia conectar até 100 estações em um cabo de até um quilômetro a uma velocidade considerada elevadíssima para a época a 2.94 Mbps.

Muitos usuários perguntam a razão do nome "Ethernet", Ether Net. Será que o nome vem de Éter ou rede do Éter? Você acertou no raciocínio. A rede recebeu este nome porque na época se pensava que as radiações eram propagadas em um meio chamado Éter, então surgiu a ideia de usar este nome.

Com os novos benefícios que o Ethernet trouxe os grandes fabricantes da época fizeram um consórcio e aprimoraram em conjunto essa tecnologia. Nessa época, Xerox, Intel e DEC formaram um consórcio. A IBM, no entanto, por ser a líder do mercado, decidiu não aderir ao consórcio e não investir no Ethernet, concentrando todos os esforços no desenvolvimento do token ring, o qual foi concebido quase unicamente pela IBM.

Os resultados do consórcio foi o desenvolvimento tecnológico que permitiu que o Ethernet trabalhasse em velocidades mais elevadas. Criou-se, então, o Ethernet a 8 Mbps e a 10 Mbps, que foi usado como base para se transformar no padrão 802.3.

O padrão 802.3 é especificado em duas topologias:

- **Barramento:** a partir da utilização de um cabo coaxial que permite que todas as estações compartilhem o meio.
- **Estrela:** nessa topologia é necessário utilizar um equipamento de concentração como um hub ou switch para criar uma topologia em estrela. As estações são então conectadas ao equipamento de concentração pelos cabos UTP, respeitando a distância limite da norma de 100 metros.

No barramento, as estações enviam e recebem sinais diretamente do cabo. O cabo utilizado nessa topologia pode ser tanto o coaxial fino, o Thinnet, um cabo mais simples, porém que limita a distância máxima em 185 metros, como o Thicknet, um cabo coaxial grosso com blindagem dupla que alcança distâncias de até 500 metros.

Na época de utilização do barramento não existiam hubs e quando havia a necessidade de conectar as redes por distâncias maiores que esses limites, era necessária a utilização de um equipamento chamado de "repeater", ou repetidor. Esse equipamento regenerava o sinal e o repetia para o outro cabo a ele conectado, ou seja, ele fazia o papel de equipamento de conexão entre dois barramentos. Devido a limitações de protocolo do Ethernet, entretanto, principalmente a detecção de colisão, uma rede Ethernet de barramento podia possuir no máximo quatro repetições, ou utilizar no máximo quatro repeaters, o que era uma limitação, principalmente para a criação de uma rede local em uma indústria onde as plantas industriais estão localizadas distantes umas das outras. A solução para estes casos era usar o cabo coaxial Thicknet, já que ele permitia distâncias maiores, ou seja, 500 metros entre os pontos de repetição do sinal.

Para que o barramento funcione, é necessário instalar uma terminação em cada ponta do barramento ou em cada ponta do cabo. O objetivo desses resistores era impedir que o sinal refletisse quando chegasse na ponta, atrapalhando a comunicação. A Figura 4.10 apresenta o barramento com os terminadores.

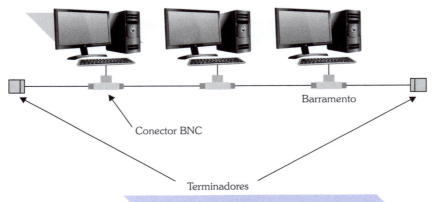

Figura 4.10 - Barramento com terminadores.

O Ethernet trabalha com codificação Manchester, técnica de codificação eficiente que permite o envio do sinal de forma síncrona e com detecção de erros. As estações utilizam quadros ou frames para transmissão e recepção pelo cabo. Os frames são uma sequência de bits zeros e uns, separados por alguns delimitadores que definem o tamanho do quadro. Os delimitadores indicam o começo e o final de cada frame, além de delimitar o cabeçalho do frame e a parte de dados.

4.4.1 Endereçamento MAC

Nos frames estão os endereços MAC que são únicos para cada placa de rede e dispositivo e compostos por 6 bytes ou 48 bits. Os primeiros identificam o fabricante da placa de rede. Esses endereços são utilizados para identificar tanto a origem do frame (MAC origem) como o destino (MAC destino). As informações são utilizadas para que o frame seja retirado do barramento pela estação que contenha o endereço MAC destino. Como o frame possui também o endereço MAC origem, a estação sabe para quem deve responder. Nas primeiras redes Ethernet desenvolvidas pela Xerox os endereços MAC possuíam 2 bytes ou 16 bits. Com o estabelecimento do padrão 802.3, esse campo foi expandido para 48 bits.

Existe um quadro especial que é enviado para todas as estações que estão conectadas no barramento que se chama broadcast. Quando um quadro de broadcast é enviado ao meio, devido à sua natureza que é divulgar a informação para todos na rede, ele deve ser lido por todas as estações presentes na rede. Esse tipo especial de quadro se caracteriza por ter como endereço MAC destino o seguinte: FF FF FF FF FF FF, também conhecido como endereço de broadcast. Esta mesma ideia foi utilizada também na concepção de redes IP, que vamos tratar nos capítulos mais adiante para a criação de endereços de **broadcast IP**.

O broadcast deve ser muito bem controlado na rede Ethernet, porque quando utilizamos uma arquitetura em estrela, com o uso de um switch, por exemplo, o broadcast é o único quadro a ser transmitido a todas as portas do switch e que, se não for controlado, pode causar sérios problemas de performance na rede.

O broadcast tem um papel fundamental na rede, principalmente quando precisamos mapear endereços IP em endereços MAC e que veremos nos capítulos adiante, entretanto, devido a suas particularidades, os quadros de broadcast devem ser muito bem controlados na rede.

4.4.2 Método de acesso ao meio

O método de acesso ao meio utilizado em redes Ethernet é o CSMA/CD (Carrier Sense Multiple Access/Carrier Detect). Este nome complicado pode ser traduzido como "Método de Acesso Múltiplo com Verificação de Portadora e Detecção de Colisão". Embora o nome seja comprido, o método de funcionamento é relativamente simples. Quando uma estação deseja transmitir no meio, a primeira ação da estação é ouvir o meio, mas o que significa isso? Bem, ouvir o meio é verificar o sinal de portadora do barramento. Se não houver sinal de portadora no barramento, quer dizer que não existe nenhuma estação utilizando o meio naquele momento, portanto a estação pode transmitir.

Enquanto uma estação está transmitindo no meio, as outras estações não transmitem, aguardando o cabo ficar livre. Isso ocorre pelo mesmo procedimento que descrevemos no parágrafo anterior. Como existe portadora no barramento, quer dizer que está ocorrendo uma transmissão. Por causa disso, as outras estações aguardam o final da transmissão para utilizarem o meio.

Esse processo parece ser ideal, entretanto, nada é perfeito. Imagine um caso em que duas estações desejam transmitir na rede em determinado instante, e nesse instante não existe portadora no cabo, portanto, o cabo está livre para transmissão. De acordo com o padrão, o que ocorre? Acontece um problema muito sério, as duas estações vão tentar enviar seus quadros no meio ao mesmo tempo, gerando um fenômeno conhecido como "colisão".

Quando a colisão ocorre, uma estação "suja" o que a outra estava transmitindo. Como o meio é compartilhado, os sinais se misturam, gerando uma informação sem utilidade nenhuma. O CSMA/CD possui um mecanismo que consegue detectar que ocorreu a colisão. A partir do momento da detecção, é enviado um sinal no meio que termina de sujar o quadro e sinaliza para todas as estações que houve colisão na rede.

O próximo passo é todas as estações interromperem seus processos de transmissão e aguardarem um tempo randômico, que é definido por um algoritmo conhecido como **Backoff**, para novamente tentarem transmitir. Esse algoritmo determina o tempo que a estação deve esperar para retransmitir, baseado no número de tentativas que ela já fez para retransmitir o quadro. Quanto maior o número de tentativas, mais tempo a estação irá aguardar. A ideia é simples. Se a estação está tentando mais de uma vez transmitir sem sucesso, é que provavelmente o meio está congestionado e muitas estações estejam tentando transmitir ao mesmo tempo, gerando ainda mais colisões. Assim, a estação recebe um tempo maior para tentar retransmitir, que permite que o meio se descongestione, possibilitando à estação retransmitir a mensagem.

O algoritmo de backoff limita o número de tentativas em dez. Se mesmo assim o meio ainda se encontra ocupado, a retransmissão da mensagem é abortada, indicando um erro de transmissão para a aplicação.

A necessidade que o CSMA/CD possui de detectar colisões é uma limitação quanto à distância alcançada por um barramento Ethernet, devido à atenuação que ocorre do sinal no cabo. Teoricamente, uma colisão não é sentida em um cabo coaxial a distâncias superiores a 2,5 quilômetros, entretanto devido a outras limitações, a norma estabelece a distância máxima de 500 metros para o uso do cabo coaxial grosso. Desta maneira, barramentos com mais de 500 metros não conseguem detectar a colisão.

Analisando o comportamento da colisão, é fato que quanto mais estações estiverem compartilhando o mesmo meio, mais sujeito esse meio estará a colisões. Isso ocorre porque a probabilidade de duas ou mais estações tentarem transmitir ao mesmo tempo aumenta. Além da quantidade de estações, as aplicações também afetam diretamente o número de colisões. Aplicações que demandam muito da rede, ou seja, fazem acessos constantes à rede, acabam monopolizando o meio e sendo causa do aumento do número de colisões.

A Figura 4.11 ilustra o processo da colisão. Observe que ambas as estações A e B tentam enviar uma mensagem ao mesmo tempo no meio, e o resultado é que ocorre a colisão. O que fica no meio é sujeira, ou dados truncados sem utilidade.

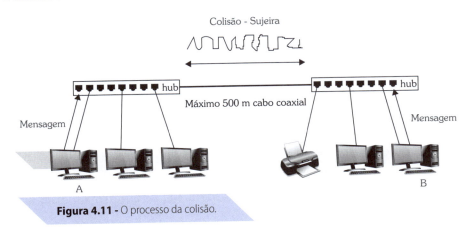

Figura 4.11 - O processo da colisão.

4.4.3 Frame Ethernet

O frame Ethernet é formado pelos seguintes campos devidamente delimitados:

- **Preâmbulo:** consiste em 8 bits, usado para marcação do sincronismo. Essa marcação é formada pela sequência de bits 10101010, que garante a sincronização de relógio usada na codificação Manchester.
- **Delimitador de início de frame (SFD):** é formado pelo byte 101010110 e indica início do frame.
- **Endereço MAC destino:** esse campo possui 6 bytes que correspondem ao endereço MAC da estação destino. Como já citamos, é formado por uma porção que identifica o fabricante da interface de rede e uma porção que identifica a placa. Essa porção na verdade funciona como se fosse um número de série da placa (único para cada placa de rede).
- **Endereço MAC origem:** campo com 6 bytes que identifica o endereço MAC de quem está originando o frame ou da estação transmissora.
- **Comprimento do campo de dados:** esse valor especifica o tamanho total do campo de dados. Lembre-se de que um pacote Ethernet pode transportar de 64 a 1.500 bytes, de acordo com a MTU (Maximium Transfer Unit) configurada. Quadros maiores ou menores que estes limites, em geral, são descartados por equipamentos como switches (veja nos próximos capítulos).
- **Campo de dados:** nesse campo encontramos a informação efetiva que será transmitida. A norma estabelece um tamanho mínimo de 46 bytes, entretanto os fabricantes adotaram o tamanho mínimo de 64 bytes, e o máximo de 1.500 bytes. Para o Ethernet, quando existe a necessidade de transmitir ou receber informações das camadas superiores com mais de 1.500 bytes, faz-se necessária a realização de fragmentação dos quadros na origem e remontagem no destino.
- **FCS (Frame Check Sequence):** essa informação é um código de redundância cíclica utilizado para a verificação de possíveis erros no quadro.

A Figura 4.12 apresenta um quadro Ethernet 802.3.

Preâmbulo	SFD	MAC Destino	MAC Origem	Tamanho	Dados	FCS

Preâmbulo	= 56 bits ;	7 bytes
SFD (Delimitador início frame)	= 8 bits ;	1 byte
MAC Destino	= 48 bits ;	6 bytes
MAC Origem	= 48 bits ;	6 bytes
Tamanho do Campo de Dados	= 16 bits ;	2 bytes
Campo de Dados — mín	= 368 bits ;	46 bytes
— máx	= 12.000 bits ;	1.500 bytes
Frame Check Sequence	= 32 bits ;	4 bytes

Figura 4.12 - Quadro Ethernet 802.3.

O Ethernet evoluiu bastante nos últimos anos, principalmente no que diz respeito ao aumento da velocidade de operação, porém respeitando as diretrizes do padrão estabelecido há 20 anos. Assim surgiu inicialmente o Fast Ethernet e recentemente o Gigabit Ethernet, oferecendo a performance e a escalabilidade necessárias para se consolidar como a tecnologia mais adequada e com melhor custo x benefício para as redes locais LANs.

O Fast Ethernet trabalha com velocidade de 100 Mbps, o qual pode ser considerado um Ethernet acelerado. Nessa tecnologia encontramos switches e hubs, podendo inclusive incorporar a funcionalidade de Auto Sense, ou seja, a velocidade da porta é negociada automaticamente entre as partes. O Fast Ethernet está padronizado e existem interfaces em fibra óptica = 100 FX e em cabo de par trançado (UTP) = 100 Base T.

Já o Gigabit Ethernet traz uma série de inovações, entre elas o funcionamento apenas na topologia de switching, portanto no caso do Gigabit Ethernet temos conexões ponto a ponto e não observamos, portanto, o fenômeno da colisão. A alta velocidade de interfaces Gigabit o torna incompatível com a utilização de cabos UTP, alcançando com o uso destes distâncias máximas de 25 metros. No caso da interface Gigabit Ethernet possuímos os padrões de interfaces 1.000 Base SX (Short Range) para alcances curtos em fibra óptica (2 a 3 quilômetros) e interfaces 1.000 Base LX (Long Range) para alcances longos de 15 a 20 quilômetros. Existe ainda a interface 1.000 Base CX (Cooper Range) para cabos UTP com alcance de 25 metros.

A tecnologia mais atual, no entanto, é o 10 Gigabits Ethernet (10GBASE-T) com o padrão IEEE 802.3a, e vem sendo utilizada tanto para a conexão de redes locais (LANs), como em redes de longa distância (WANs) e redes metropolitanas (MANs). O protocolo MAC é muito parecido com o Ethernet tradicional e o 10 Gigabits Ethernet trabalha apenas em modo full duplex, alcançando distâncias de até 300 metros em um cabo de fibra óptica multímodo e de até 40 quilômetros em um cabo de fibra monomodo. Ainda não são comerciais sistemas de 10 Gigabits Ethernet em cabos de cobre.

VAMOS RECAPITULAR?

Neste capítulo abordamos a importância da padronização, incluindo os padrões de indústria e os padrões de fato, apresentamos os principais organismos de padronização, os padrões das interfaces de comunicação serial e de modems.

AGORA É COM VOCÊ!

1. Qual foi a grande contribuição do modelo OSI para a indústria de redes?
2. Qual é a função de um gateway de comunicação?
3. Indique qual dos representantes seguintes não faz parte das entidades de padronização:
   a. Representantes das indústrias.
   b. Representantes dos governos.
   c. Representantes de empresas de energia.
   d. Representantes de universidades.
   e. Nenhuma das alternativas anteriores.
4. Indique os organismos que realizam a padronização de redes (marque todos):
   a. IEEE.
   b. ISO.
   c. BTU.
   d. PWC.
   e. ANSI.
5. Qual dos grupos do IEEE padronizou a tecnologia Ethernet?
6. Cite um padrão de indústria.
7. Qual é a diferença entre o padrão RS-232 e o RS-422?
8. Qual é a diferença entre o padrão RS-422 e o RS-423?
9. Quantas vezes uma interface USB 3.1 é mais rápida que uma interface USB 1.0?
10. Qual é a largura de frequência utilizada por um modem analógico?
11. A afirmação seguinte é verdadeira ou falsa?

    Um modem V.90 consegue alcançar velocidades de 56 K se, e somente se, pelo menos em uma das pontas a conexão for digital.
12. Quais são os benefícios do uso do V.92 em comparação com o V.90?
13. Os sistemas de áudio e vídeo fazem uso de interfaces de conexão padrão HDMI (High-Definition Multimidia Interface) ou Interface de Multimídia de Alta Definição. Essa interface traz uma série de vantagens e permite conectarmos dispositivos para a reprodução de conteúdo em alta definição. Faça uma pesquisa sobre como funciona a interface HDMI e qual é a relação da interface HDMI com a tecnologia Ethernet?

5

SISTEMAS DE CABEAMENTO ESTRUTURADO

PARA COMEÇAR

Este capítulo apresenta o funcionamento de um sistema de cabeamento estruturado, trazendo os componentes da solução, as recomendações quanto a instalação, normas e padrões com o objetivo de familiarizar o leitor com os fundamentos do cabeamento estruturado. Ao final do capítulo, apresentamos as técnicas e dispositivos para teste do cabeamento estruturado.

5.1 Cabeamento

O cabeamento constitui a rede completa de cabos que transporta todos os sistemas de uma empresa, como dados, voz e sistemas multimídia. Além disso, o cabeamento é responsável por interconectar os dispositivos de redes sem fio. Máquinas, servidores, impressoras e dispositivos em rede fazem uso deste meio físico que deve ser instalado e ativado seguindo normas e padrões.

Diariamente percebe-se a importância de um bom cabeamento, se observarmos empresas que não se preocupam com o cabeamento estruturado, verificamos que a maior parte das falhas de rede resulta de problemas físicos relacionados aos cabos. Apenas como exemplo, ao longo da minha trajetória profissional, conheci empresas que mantinham um cabeamento estruturado, organizado, documentado e seguindo a norma. Porém, infelizmente encontramos aqui no Brasil um conjunto grande de empresas que mantém o seu cabeamento em um verdadeiro caos. A Figura 5.1 é um exemplo típico desse comportamento.

Na Figura 5.1, podemos observar um cabeamento completamente desordenado: os cabos não estão identificados e organizados em canaletas, a densidade de cabos na frente do rack é tão grande que não se consegue enxergar os dispositivos de rede atrás dos cabos. Como os cabos não estão identificados, é comum que, em vez de se remanejar um ponto de rede, se passe um novo cabo aumentando ainda mais a desordem.

Figura 5.1 - Cabeamento desorganizado.

FIQUE DE OLHO!

Este modelo de cabeamento não respeita as normas e não deve ser seguido por nenhuma empresa!.

Um cabeamento estruturado é essencial no funcionamento eficiente de uma empresa, considerando que a comunicação é, cada vez mais, importante para tanto. Quando as máquinas trabalhavam de forma isolada nos anos de 1980, o cabeamento não tinha a mesma importância que tem hoje. Com o advento das redes locais, wans e redes sem fio, as máquinas e pessoas estão progressivamente mais conectadas e o cabeamento acaba por ser fundamental.

Na Figura 5.2, apresentamos um rack com o cabeamento organizado segundo as regras de cabeamento estruturado.

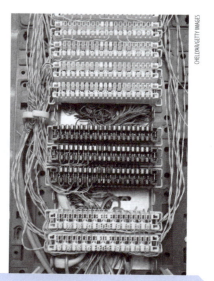

Figura 5.2 - Cabeamento organizado.

5.1.1 Planejamento para o cabeamento estruturado

A etapa de planejamento e projeto é fundamental e normalmente um cabeamento estruturado é planejado para um ciclo de vida de 15 a 20 anos. O cabeamento deve ser o elemento da sua rede com o maior ciclo, o mínimo esperado é que ele tenha um tempo de vida de pelo 10 anos.

O cabeamento deve ser capaz de suportar as principais aplicações existentes: garantindo a banda e latência para voz, dados e sistemas multimídia.

Um ponto importante no projeto de cabeamento estruturado é o uso de normas e padrões, o que nos permite ficarmos livres das amarras de um único fabricante, uma vez que um sistema modular, baseado em padrões abertos, facilita as mudanças e expansão sem a necessidade de substituição do cabeamento existente.

No projeto do cabeamento, é importante prever a necessidade de banda e a expectativa de seu crescimento. Quantos usuários são esperados na rede nos próximos 15 anos? Esse tipo de preocupação deve ser levada em conta, pois afeta o projeto original de cabeamento.

Como tratar as mudanças?

Devem ser definidos processos de adicionar; remover ou remanejar pontos de rede; a rede de cabeamento deve ser capaz de se adaptar a essas mudanças; e a documentação e o uso de uma ferramenta de suporte para manter o desenho da rede, também conhecido como "as built", são fundamentais.

Alguns fatores importantes que devem ser tratados nos projetos:

- **Garantia:** como confiar na garantia do fabricante Normalmente o fornecedor dos cabos exige que seja contratado um instalador certificado e que os cabos sejam devidamente testados para dar garantia que pode chegar a 15 anos, dependendo do fornecedor.
- **Manutenção:** a manutenção do cabeamento estruturado deve ser diária e qualquer processo de remanejamento tem de ser devidamente documentado, além de empregada mão de obra qualificada e especializada. Um cabo remanejado e reinstalado de forma incorreta pode gerar novos problemas na rede.
- **Novas tecnologias:** deve-se avaliar o uso de novas tecnologias como Power over Ethernet. Elas permitem o envio de energia pelo cabo Ethernet e são muito interessantes para alimentar alguns dispositivos como pontos de acesso wireless e câmeras. Esse sistema permite enviar até 48 volts a até 15 watts de potência.
- **Qual o cabo vou usar?** Neste ponto é fundamental a escolha do cabo apropriado. Por exemplo, existem várias categorias de cabo UTP, cada uma adequada para uma aplicação específica: cabeamento para estações, servidores e datacenter.
- **Condições de ambiente:** devem ser considerados vários aspectos no projeto como presença de cabos elétricos e tubulações de água no local, interferências de sistemas de rádio.
- **Vai utilizar redes sem fio?** É importante definir os locais onde os pontos de acesso da rede sem fio vão ser instalados; no projeto do cabeamento estruturado, isso deve ser levado em conta.

▶ **Segurança?** Há vários casos de incêndios, no Brasil, com vítimas intoxicadas pela fumaça gerada por cabos de redes queimados. Também por isso, é importante o uso de cabos apropriados e que, como os cabos plenum, não gerem fumos tóxicos no caso de incêndio. Normalmente mais caros, representam, porém, uma segurança muito maior para os usuários. Em alguns países da Europa e nos Estados Unidos, é obrigatória sua utilização nas instalações de rede.

▶ **Qual é a localização dos usuários?** Ao desenvolvermos o projeto de uma rede, precisamos identificar a localização dos usuários internos para que os pontos de rede sejam projetados para atender o layout do escritório. Para um projeto de cabeamento estruturado eficiente é absolutamente necessária a adoção de uma planta física contemplando a disposição futura dos móveis, principalmente das mesas, para só então se definirem as posições dos pontos de rede. Esta etapa é conhecida como "site survey" e nela fazemos um levantamento baseado na planta da posição dos usuários, móveis e máquinas para que o cabeamento satisfaça todas as necessidades de projeto.

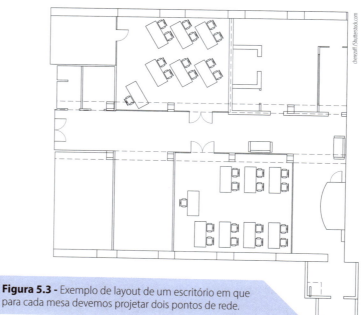

Figura 5.3 - Exemplo de layout de um escritório em que para cada mesa devemos projetar dois pontos de rede.

▶ **Por onde os cabos vão passar?** É muito importante dimensionar as caneletas, esteiras para cabos, armários de cabos (shafts), caixas de passagem, o espaço que esses componentes ocuparão e questionar o espaço no shaft para lançar os cabos de um andar a outro, aspectos fundamentais na estruturação da rede. Há casos de edifícios antigos em que o shaft foi adaptado de sistema telefônico para rede e não existe espaço para a passagem adicional de cabos. Tal situação exige, muitas vezes, a reconstrução do shaft, incluindo um corte adicional na laje do edifício ou até mesmo alterações de projetos de rede. Podem, por exemplo, ser necessárias a utilização de enlaces de fibra óptica e a alocação de equipamentos (switches) de distribuição nos andares.

▶ **Existe redundância de cabeamento?** Chegamos a um ponto importantíssimo, principalmente no backbone de rede. Quando passamos uma fibra óptica para conectarmos um switch de core com um switch de distribuição, é comum utilizarmos enlaces de fibra óptica redundantes para que, no caso de rompimento de uma fibra, exista outro cabo conectando os dispositivos. Fibras ópticas são cabos mais sensíveis, principalmente quanto à tração, e exigem cuidados especiais na instalação. A manutenção da fibra óptica é feita por técnicas complexas como conectorização ou fusão e têm custo elevado. Por isso, todo o cuidado é pouco na instalação de fibras ópticas.

- **Qual é o custo?** Qualquer projeto de cabeamento acaba tendo como variável o custo. Não há como fugir da questão financeira desde a escolha de materiais, topologias, redundância, espaço, equipamentos de rede, fibra, cabos de cobre, caixas de passagem, tomadas etc., todos os materiais envolvidos na implantação de uma rede estão intimamente relacionados ao custo. Acredito muito na regra que afirma que o barato acaba saindo caro e recomendo a escolha de soluções de cabeamento estruturado de fabricantes que forneçam garantia de pelo menos 10 anos, ainda que de custo mais alto. Outro aspecto importante para assegurar a garantia do fabricante é não misturar, na mesma instalação, componentes de cabeamento de diferentes fornecedores.

> **FIQUE DE OLHO!**
> O custo inicial da implantação de um cabeamento estruturado de qualidade é alto, porém isso exigirá menos manutenção, o que resultará em custos menores no médio e longo prazos.

- **Quanto custa se sua rede ficar parada?** Muitas vezes somos movidos apenas por redução de custos e não calculamos o prejuízo que significará a rede parada. A escolha dos materiais corretos e com a qualidade necessária é importantíssima para garantir uma rede constante e eficiente.
- **A elétrica está preparada e adequada para a rede?** É de fundamental importância que o projeto de cabeamento estruturado esteja conciliado com o de elétrica. Uma rede de energia estabilizada é muito importante para que os equipamentos de rede e computadores funcionem de forma adequada. Por isso, o uso de estabilizadores é indispensável para garantir que os componentes não queimem, uma vez que são bastante sensíveis a variações de tensão e corrente. Se precisamos de alta disponibilidade na rede, é imprescindível o uso de "no-breaks". São os no-breaks que garantem um fluxo contínuo de energia que pode ser dimensionado de minutos a até algumas horas, no caso de interrupção do sinal de energia. Normalmente, os servidores de aplicação são os elementos mais críticos e mais susceptíveis à de interrupção de energia. No caso de esta ocorrer, alguns sistemas operacionais, bancos de dados e aplicações podem ser corrompidos durante o seu processamento.

5.2 Principais componentes do cabeamento estruturado

São eles:

- cabeamento horizontal;
- cabeamento vertical ou de backbone;
- sala de equipamentos;
- área de trabalho;
- caixas de passagem.

5.2.1 Cabeamento horizontal

Aquele no qual se conecta a área de trabalho aos equipamentos de rede localizados na sala de equipamentos. Este modelo de cabeamento horizontal é estabelecido pela norma EIA/TIA 568-B, no cabeamento horizontal definimos:

- os cabos a serem utilizados;
- as tomadas;
- os conectores;
- os cabos de interconexão (path cords).

O cabeamento horizontal é o que está mais sujeito a mudanças em função de remanejamento de layout e de usuários. Devemos, na medida do possível, evitar alterar a disposição dos pontos de rede, uma vez que o respectivo cabeamento é o menos acessível. O remanejamento de um ponto é logicamente muito mais simples, ou seja, por endereçamento de rede. O cabeamento horizontal não deve estar visível, e sim posicionado sobre o piso elevado, forro ou em canaletas específicas para isso.

Alguns pré-requisitos do cabeamento horizontal:

- Implantação de pelo menos dois pontos de rede para cada usuário: um ponto de voz e um de dados.
- A sala de equipamentos deve estar no mesmo andar da área de trabalho.
- A instalação de rede deve ser realizada na topologia em estrela.
- Em hipótese alguma podem ser realizadas emendas de cabos.
- Cabeamento horizontal menor que 90 metros e cabos de interconexão que tomem até 5 metros de cada um deles.

LEMBRE-SE

No caso do cabeamento horizontal, não podemos esquecer a distância máxima de 100 metros do cabo UTP.

O cabeamento normalmente utilizado no horizontal são cabos UTP de 4 pares. Contudo, em muitas instalações encontramos fibra óptica usada também para interconectar áreas de trabalho a salas de equipamentos.

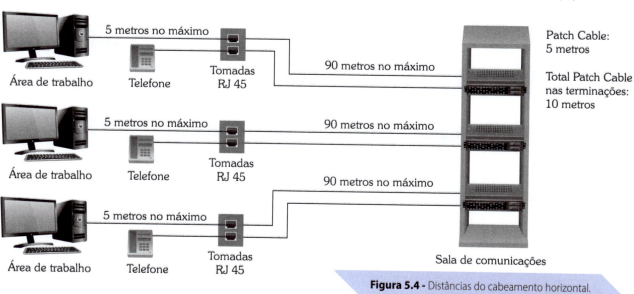

Figura 5.4 - Distâncias do cabeamento horizontal.

Os cabos utilizados no cabeamento horizontal são os de cobre UTP (Unshield Twisted Pair) e os de fibra óptica. Você pode observá-los na Figura 5.5.

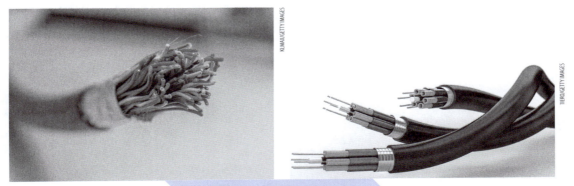

Figura 5.5 - Cabo UTP e fibra óptica.

Os conectores permitem conectar os cabos às máquinas, aos painéis de interconexão (path cord) e aos equipamentos de rede. Observe, na Figura 5.6, conectores de fibra SC; na Figura 5.7, o conector ST; na Figura 5.8, o LC; e, na Figura 5.9, para cabo de cobre UTP, o RJ 45.

Conectores SC

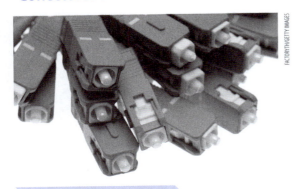

Figura 5.6 - Conector SC.

Figura 5.7 - Conector ST.

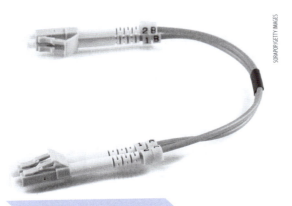

Figura 5.8 - Conector LC.

Figura 5.9 - Conector UTP.

SISTEMAS DE CABEAMENTO ESTRUTURADO

Patch Cords

Os pathcords são os cabos normalmente de até 3 metros, utilizados para interconectar máquinas e dispositivos de rede. Na Figura 5.10, podemos observar um patch cord de cobre e, na Figura 5.11, um patch cord de fibra óptica.

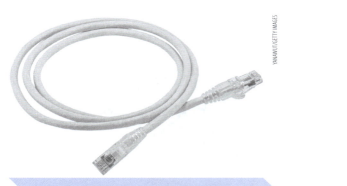

Figura 5.10 - Patch cord de cabo de cobre UTP.

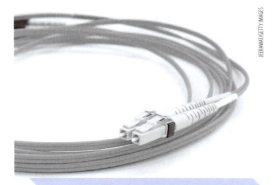

Figura 5.11 - Patch cord de fibra óptica.

5.2.2 Cabeamento vertical

O cabeamento vertical, também conhecido como cabeamento de backbone, são os caminhos e canaletas que os cabos seguem de um andar a outro a partir da localização da sala de equipamentos. A norma EIA/TIA-569-B define o cabeamento vertical.

Nesses caminhos passam os cabos que interconectam os andares a pontos onde estão os equipamentos de redes ou mesmo pontos de consolidação de cabos. Esses locais são utilizados quando possuímos equipamentos de rede departamentais que se conectam ao core (backbone).

Na Figura 5.12, observamos a aplicação dos switches departamentais.

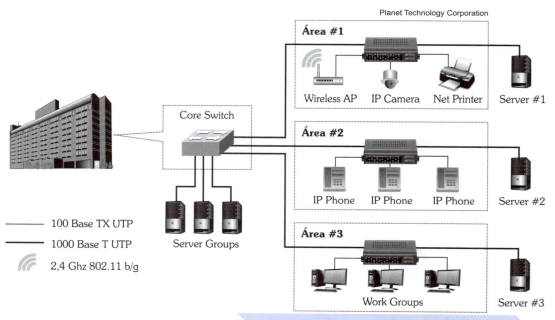

Figura 5.12 - Aplicação de switches departamentais.

REDES DE COMPUTADORES

É comum o uso de cabeamento vertical de fibra óptica uma vez que, em um edifício em função dos caminhos pelos quais os cabos deverão passar, possa chegar aos 100 metros estabelecidos pela norma de cabeamento estruturado.

Nesse caso, o cabeamento vertical interconectará equipamentos departamentais, localizados nos andares, com a sala de equipamentos onde está o core da rede. Na Figura 5.13, os switches departamentais estão localizados no telecom closet e fibras ópticas interconectam os closets pelo backbone à sala de equipamentos localizada no térreo.

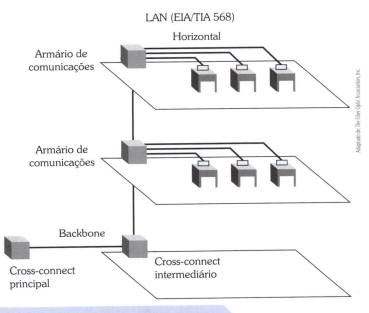

Figura 5.13 - Arquitetura com o cabeamento vertical.

O cabeamento vertical não deve ser visível por questões de segurança; preferencialmente, deve passar em um shaft fechado de forma a evitar que seja acessado.

Na Figura 5.14, podemos observar os dutos utilizados para passagem do cabeamento vertical.

Na Figura 5.15, podemos ver um exemplo de esteira utilizada para a organização e passagem dos cabos.

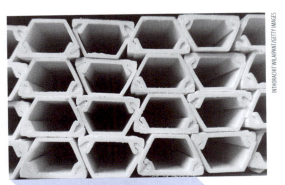

Figura 5.14 - Duto para cabos.

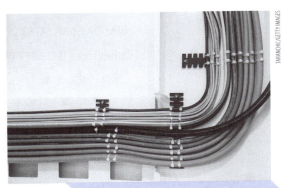

Figura 5.15 - Esteira usada para acomodar os cabos de rede.

SISTEMAS DE CABEAMENTO ESTRUTURADO

5.2.3 Área de trabalho

A área de trabalho normalmente cobre as tomadas, patchcords, adaptadores e os equipamentos.

A recomendação da norma EIA/TIA 568-B é que se instalem pelo menos dois pontos de rede a cada 10 metros:

- **Ponto de dados:** baseado em cabos categoria 5 e ou superior, utilizados para a conexão Ethernet.
- **Ponto de telefonia:** pode utilizar um cabo inferior como o da Categoria 3, usado para telefonia.

A norma do cabeamento estruturado exige que as estações se conectem ao cabeamento por meio de uma tomada RJ-45 fêmea. Na Figura 5.16, observamos a tomada RJ-45 fêmea, seguindo a recomendação de um ponto de dados e outro de voz.

Tomadas RJ-45 fêmea

O conector RJ 45 pode ser crimpado segundo duas normas de pinagem, a T568B ou a 5568A, o importante é que se adote uma das duas normas em todo o cabeamento estruturado e não se misturem componentes que trabalham com a B com os que trabalham com a A. Na Figura 5.17, podemos observar o padrão de cores tanto da 568A como da 568B.

Figura 5.16 - Duto para cabos.

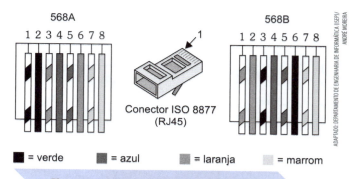

Figura 5.17 - Padrão de cores do conector RJ 45.

Na Tabela 5.1, podemos observar a cartela de cores.

Tabela 5.1 - Cores do Conector RJ 45

PAR	EIA/TIA 568A (AT&T 258B) Conectores ISO 8877 (RJ45)	EIA/TIA 568B (AT&T 258A) Conectores ISO 8877 (RJ45)
1 (azul = ■)	Branco/azul (■) - pino 5	Branco/azul (■) - pino 5
	Azul (■) - pino 4	Azul (■) - pino 4
2 (laranja = ■)	Branco/laranja (■) - pino 3	Branco/laranja (■) - pino 1
	Laranja (■) - pino 6	Laranja (■) - pino 2
3 (verde = ■)	Branco/verde (■) - pino 1	Branco/verde (■) - pino 3
	Verde (■) - pino 2	Verde (■) - pino 6
4 (marrom = □)	Branco/marrom (□) - pino 7	Branco/marrom (□) - pino 7
	Marrom (□) - pino 8	Marrom (□) - pino 8

Para crimpar, é utilizado um alicate especificamente desenhado para isso. Veja Figura 5.18.

Figura 5.18 - Alicate de crimpar.

5.2.4 Sala de equipamentos

É na sala de equipamentos que ficam normalmente o PABX, os servidores, roteadores, switches de core e demais dispositivos de rede. É nesse local onde estão os racks principais e os elementos de interconexão, ou cross connect que veremos a seguir.

Algumas considerações que devem ser levadas em conta no projeto da sala de equipamentos:

- **Refrigeração:** é importante que a sala de equipamentos possua refrigeração adequada de forma a não causar danos aos equipamentos por excesso de temperatura. O respectivo aparelho de ar-condicionado deve ser separado do ar-condicionado central que atende normalmente a instalação.
- **Sistemas de energia:** as redes de energia devem ser estabilizadas e prever o uso de no-break no caso de queda da energia.
- A sala de equipamentos não deve ficar no subsolo para não ser atingida por eventuais inundações.
- Deve ser colocado um piso elevado que suporte o peso dos racks e equipamentos a serem instalados.
- Deve ser previsto espaço para expansão.
- Recomenda-se que o acesso ao local seja restrito e, se possível, que tenha monitoramento por câmeras.
- No local não devem existir mesas e cadeiras uma vez que não é uma área de trabalho.
- A fim de não danificar os equipamentos no caso de um incêndio, para o local deve ser projetado um sistema de detecção e combate a incêndio baseado em gás, e não em água.

Cross connect

É formado pelo painel de conexões (patch pannel) que permite interconectar os dispositivos de rede aos pontos de usuários. A proposta do cross connect é que o remanejamento de pontos ocorra de maneira simples, sem a necessidade de manutenção de nenhum cabo.

Por exemplo, um usuário que utiliza seu ramal, digamos, 3040, no ponto de telefonia 10B pode ser remanejado para outro andar onde o ponto de telefonia seja o 20C simplesmente reconectando o cabo do ponto 20C no cross connect ao PABX na porta onde está o ramal 3040. As mudanças e manutenções ficam muito mais simples quando se utiliza o patch pannel. Na Figura 5.19, podemos observar a frente do patch pannel.

Os cabos são conectados no verso do patch pannel, como observamos na Figura 5.20.

Figura 5.19 - Patch pannel de 48 portas.

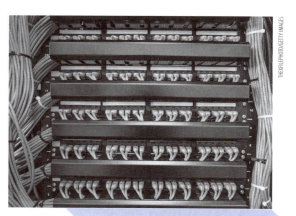

Figura 5.20 - Cabos conectados no verso do patch pannel.

Para conectar os cabos na parte traseira do patch pannel, devemos utilizar uma ferramenta chamada punch down, que pode ser observada na Figura 5.21.

Para concluirmos, na Figura 5.22, podemos observar a conexão do patch pannel com o dispositivo de rede.

Figura 5.21 - Ferramenta de punch down utilizada para conectar os cambos no patch pannel.

Figura 5.22 - Switch conectado a um patch cord.

AMPLIE SEUS CONHECIMENTOS

As novas tecnologias de redes sem fio acabam por substituir o cabeamento estruturado. Já existem escritórios em que não é passado o cabeamento estruturado horizontal por serem atendidos por redes sem fio baseadas em 802.11n. Elas alcançam até 300 Mbps e trabalham com faixas de frequência ainda não muito utilizadas como o 5 Ghz. Além das redes sem fio, o Brasil está implantando redes 4G de celular que utilizam uma tecnologia conhecida como LTE (Long Term Evolution), permitindo a transmissão de dados em velocidades de 100 Mbps.

Para saber mais, acesse: <https://bit.ly/2PGn32U>. Acesso em: 13 dez. 2019.

5.3 Equipamento de testes de cabeamento estruturado

Uma vez instalado o cabeamento, ele deve ser testado e certificado. Os testes verificarão se o cabeamento terá a performance adequada, se foi instalado e crimpado/conectorizado da forma correta, se os limites das distâncias dos cabos foram obedecidos e se o cabo está sujeito a fontes de interferência que podem impactar o desempenho.

5.3.1 Testes em cabos de cobre

Teste de conexão ou link

São preliminares e mais simples. Basicamente verificam se os cabos estão gerando conexão (link) e se a distância de 90 metros do cabeamento horizontal foi respeitada. Para realizá-los, é necessário colocar no cabo um dispositivo remoto que emite sinais para que o instrumento de testes consiga realizar a medição. Na Figura 5.23, podemos observar o equipamento de testes de cabos.

Figura 5.23 - Equipamento de testes de cabo de cobre.

Principais características testadas nos cabos:

- Distância do cabo.
- Perda do sinal na inserção.
- Perda do sinal no retorno.
- Atraso do sinal.
- Interferência de um par em outro par (NEXT - Near-end Crosstalk).
- Desvio do atraso: diferença de velocidade entre os pares.
- Outros parâmetros relacionados ao cross talk: PS-NEXT (soma do NEXT em todos os pares do cabo) e EL-FEXT (sinal induzido remotamente de um par em outro).

> **LEMBRE-SE**
>
> O cabeamento horizontal não pode ter mais do que 90 metros.

Testes do canal

Realizados com o cabeamento já com os elementos ativos de rede conectados. Estes testes são mais amplos por irem além do cabeamento horizontal. Devem ser testados também os patch cords, a tomada de conexão e se a distância total do cabo não chegou aos 100 metros, distância limite estabelecido em norma.

A ETL Semko define os parâmetros de perda aceitáveis para cada tipo de cabo que deve se verificado pelos equipamentos de medição. Na Tabela 5.2, podemos observar:

Tabela 5.2. - Performance do canal a 100 MHz

Parâmetros	Categoria 5e	Categoria 6	Categoria 6a	ÌSO Classe F (Categoria 7)
	TIA-568-B.2	TIA-568-B.2-1	TIA-568-B.2 draft	ISO/IEC
Range de frequência	1 - 100 MHz	1 - 250 MHz	1 - 500 MHz	1 - 600 MHz
Atenuação (perda na inserção)	24 dB	21.3 dB	20.8 dB	20.8 dB
NEXT	30.1 dB	39.9 dB	39.9 dB	62.9 dB
Power sum NEXT	27.1 dB	37.1 dB	37.1 dB	59.9 dB
Power sum ACR	14.4 dB	20.3 dB	20.3 dB	41.4 dB
ELFEXT	17.4 dB	23.3 dB	23.3 dB	44.4 dB
Power sum ELFEXT	14.4 dB	20.3 dB	20.3 dB	41.4 dB
Perda no retorno	10 dB	12.0 dB	14.0 dB	12.0 dB
Atraso de propagação	548 ns	548 ns	548 ns	548 ns
Variação do atraso	50 ns	50 ns	50 ns	50 ns

FIQUE DE OLHO!

Decibéis (DB) é uma unidade utilizada como uma medida de amplificação ou atenuação, a razão de potências de entrada e de saída de um sistema, ou de fatores individuais que contribuem para tais proporções. O número de decibéis é dez vezes o logaritmo de base 10 da razão entre as duas quantidades de energia.

5.3.2 Teste em cabo de fibra óptica

A fibra óptica é muito mais simples de se testar. Basicamente, inserimos um sinal luminoso em uma das pontas e medimos como ele chega no destino. A atenuação, nesse caso, é a diferença da potência do sinal luminoso. Normalmente, essa atenuação é afetada por instalações inadequadas que não observaram a norma quanto, por exemplo, à curvatura que os cabos devem fazer.

Os elementos testados na instalação de fibra óptica são:

- cabos de fibra;
- conectores;
- tomadas, se for o caso.

Figura 5.24 - Testador de cabos de fibra.

Existem equipamentos específicos para os testes de fibra óptica, denominados OTDR (optical time-domain reflectometer). Um exemplo desse tipo de equipamento pode ser visto na Figura 5.24.

Os parâmetros de medição que devem ser verificados na fibra óptica podem ser observados na Tabela 5.3.

Tabela 5.3 - Parâmetros de medição para fibra óptica

Tipo de fibra	Comprimento de onda (nm)	Coeficiente máximo de atenuação (dB/km)	Largura de banda (MHz/km)
50/125 (OM2, OM3, OM4) 62.5/125 (OM1)	850	3.5	500 (OM2), 2000 (OM3), 3500 (OM4)
	850	3.5	160
	1300	1.5	500
Monomodo (OS1, OS2) Escritório (interna)	1310	1,0	Não disponível
	1550	1,0	Não disponível
Monomodo (OS1, OS2) Campus (externa)	1310	0,5	Não disponível
	1550	0.5	Não disponível

VAMOS RECAPITULAR?

Neste capítulo foram apresentados os fundamentos do cabeamento estruturado e da norma EIA-TIA 568 e 569. Os conceitos de cabeamento horizontal, vertical, área de trabalho e sala de equipamentos foram detalhados e, concluindo, foram apresentados conceitos e diretrizes para o teste do cabeamento.

AGORA É COM VOCÊ!

1. Qual é a distância máxima do cabeamento horizontal de cobre a 100 MHz (Cat 5e) estabelecida pela norma?

    a. 100 metros.
    c. 90 metros.
    e. 50 metros.
    b. 150 metros.
    d. 95 metros.

2. Qual é o equipamento utilizado para realizar testes na fibra óptica?

    a. OTTT.
    c. OTDR.
    e. CAT.
    b. Scanner.
    d. Injetor de sinais.

3. Qual é o nível de perda (atenuação) aceitável para um cabo CAT 6?

    a. 24 dB.
    c. 20.8 dB.
    e. 33.9 dB.
    b. 21.3 dB.
    d. 30 dB.

SISTEMAS DE CABEAMENTO ESTRUTURADO

4. Qual é o papel do patch pannel?

    a. Conectar cabos paralelamente.

    b. Garantir que o cabeamento horizontal não necessite de manutenção para mover um usuário de um ponto qualquer.

    c. Minimizar custos com cabos.

    d. Organizar os cabos nos racks.

    e. Reduzir a transmissão de dados.

5. Quais são os tipos de conectores de fibra óptica (selecione 3)?

    a. LC.
    b. SC.
    c. ST.
    d. SB.
    e. RJ 32.

6. A afirmação "o cabeamento estruturado minimiza os erros lógicos da rede" é verdadeira ou falsa?

7. O cabeamento deve ser projetado para uso de pelo menos quantos anos?

    a. 5 anos.
    b. 7 anos.
    c. 10 anos.
    d. 20 anos.
    e. 30 anos.

8. Segundo a norma para áreas de trabalho e salas de equipamentos, qual deve ser o comprimento máximo de um patch cord?

    a. 3 metros.
    b. 5 metros.
    c. 8 metros.
    d. 20 metros.
    e. 35 metros.

6

PROTOCOLOS E ROTEAMENTO

PARA COMEÇAR

Este capítulo tem como objetivo definir e apresentar os principais tipos de protocolos de comunicação. Também será apresentado o protocolo de comunicação mais utilizado o TCP/IP, concluindo com conceitos de roteamento de redes e um exemplo prático de configuração em equipamentos CISCO.

6.1 O que são protocolos?

Protocolos são regras e procedimentos de comunicação.

Fazendo uma analogia com duas pessoas conversando, o protocolo seria o conjunto de regras e procedimentos que faz com que haja a comunicação entre as duas pessoas. Neste caso, uma das regras para efetuar a comunicação seria a escolha de uma linguagem em comum entre as duas pessoas. Uma outra regra seria que cada pessoa falasse em seu tempo. É preciso levar em conta três premissas básicas sobre protocolos em uma rede de computadores:

- Alguns protocolos trabalham em mais de uma camada OSI, por exemplo, o protocolo X.25.
- A camada em que o protocolo trabalha descreve a sua função.
- Muitos protocolos podem trabalhar conjuntamente, denominando-se assim de pilha de protocolo, protocol stack.

Há muitos tipos diferentes de protocolo. Cada um tem as suas vantagens e restrições, possuem os seus propósitos e podem realizar tarefas diferentes.

Para entender como o protocolo trabalha, devemos quebrar o procedimento de comunicação entre dois computadores em várias etapas. Essas etapas são realizadas no computador transmissor (ou qualquer outro dispositivo conectado à rede) em cada camada OSI respectiva. Uma vez que a mensagem esteja em formato de sinal no meio de transmissão, as etapas ocorridas no transmissor serão repetidas, mas em ordem inversa (de baixo para cima nas camadas do Modelo OSI) no receptor.

Define-se como pilha de protocolos, protocol stack, um conjunto de protocolos cada qual atuando particularmente em uma camada do modelo OSI. A aderência ao modelo OSI garante a interoperabilidade entre equipamentos de fabricantes distintos.

A cada camada do modelo OSI há um protocolo fazendo uma determinada tarefa, contudo existem três espécies de protocolo que cobrem as principais tarefas de rede. São eles:

- protocolos de aplicação;
- protocolos de transporte;
- protocolos de rede.

A Figura 6.1 ilustra as espécies de protocolo.

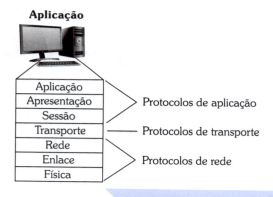

Figura 6.1 - Espécies de protocolo.

6.1.1 Protocolos de aplicação

Esses protocolos operam nas camadas sessão, apresentação e aplicação. Fornecem interação e troca de dados entre aplicações. Alguns dos protocolos mais conhecidos são:

- **APPC** (Advanced Program-to-Program Communication), protocolo SNA da IBM e ponto a ponto (PPP).
- **FTP** (File Transfer Protocol), protocolo de troca de arquivos.
- **SNMP** (Simple Network Management Protocol), protocolo de monitoração e configuração de equipamentos em rede.
- **TELNET,** protocolo para efetuar conexão e abertura de sessão em computadores remotos.

6.1.2 Protocolos de transporte

Esses protocolos operam nas camadas de transporte. Estabelecem sessões de comunicação entre computadores e garantem que os dados sejam transportados de uma maneira confiável. Alguns dos protocolos mais conhecidos são:

- **TCP (Transmission Control Protocol):** protocolo de controle de transmissão que garante a entrega dos dados em sequência. É orientado a conexão.

- **SPX (Sequencial Packet eXchange):** parte do protocolo IPX/SPX para dados sequenciais. Esse protocolo foi criado pela Novell, baseado em um projeto da Xerox do final dos anos de 1970.

6.1.3 Protocolos de rede

Esses protocolos operam nas camadas física, enlace de dados e rede. São responsáveis por informações de endereçamento e roteamento, verificação de erro e requisições de retransmissão. Alguns dos mais conhecidos são:

- **IP (Internet Protocol):** protocolo de roteamento de pacotes.
- **IPX (Sequencial Packet Exchange):** protocolo Netware/Novell para roteamento de pacotes.

Os protocolos definidos pelo IEEE que operam na camada física são 802.3 (Ethernet), 802.4 (Token Passing) e 802.5 (Token Ring).

6.1.4 Protocolos de redes locais

Os primeiros protocolos que surgiram foram os de comunicação de computadores em redes locais. A necessidade de intercomunicação para compartilhamento de recursos e troca de informações entre equipamentos ajudou na própria definição dos sistemas operacionais e aplicações.

Podemos citar os ambientes abertos do tipo UNIX, sistemas operacionais desenvolvidos para serem executados em múltiplas plataformas de hardware. Durante o próprio desenvolvimento dessa plataforma, houve a necessidade de incorporar protocolos de comunicação entre esses equipamentos.

> **AMPLIE SEUS CONHECIMENTOS**
>
> Podemos fazer uma analogia entre protocolos de comunicação e as linguagens que usamos para nos comunicar, porém existe uma diferença bem grande, enquanto o homem tem a capacidade de compreender linguagens que possuem a mesma origem, por exemplo, quem fala português compreender o espanhol, o mesmo não ocorre com os computadores. Qualquer diferença de formato dos pacotes no protocolo de comunicação gera erro de transmissão e as pontas não conseguem se comunicar. Isso se deve ao fato de que a computação é uma ciência puramente exata, enquanto o cérebro humano consegue raciocinar e identificar diferenças sutis das linguagens.
>
> Saiba mais sobre protocolos de comuicação em: <https://bit.ly/2Ph3NtJ>. Acesso em: 13 dez. 2019.

6.2 O TCP/IP

O TCP/IP foi concebido em um projeto do DOD (Departamento de Defesa) americano, na década de 1970. O projeto intitulado ARPANET tinha como objetivo a criação de uma rede militar de dados. Para a concepção desse projeto o governo americano selecionou uma série de pesquisadores civis e laboratórios de pesquisas de grandes universidades americanas, destacando-se a Universidade de Berkeley, na Califórnia. Os pesquisadores da Universidade de Berkeley incorporaram o TCP/IP ao sistema operacional UNIX, que na época já era usado em todas as universidades americanas. Esse fato facilitou muito a divulgação do TCP/IP quando a rede foi separada da rede militar.

Relembrando um pouco da história, os anos de 1970 foram o auge da guerra fria. Os militares americanos necessitavam de uma rede com alta disponibilidade capaz de automaticamente se reconfigurar e encontrar caminhos alternativos caso um ou mais nós da rede saíssem do ar. O objetivo era interconectar todo o sistema dos mais de 500 silos com mísseis balísticos intercontinentais localizados nos Estados Unidos. Assim, a rede deveria estar disponível para autorizar ataques e lançamento de mísseis, mesmo que algumas outras cidades ou silos da rede tivessem sofrido um ataque nuclear, possibilitando o rápido contra-ataque dos americanos.

Em 1983, a ARPANET perdeu o seu objetivo militar separando-se em duas redes, sendo uma rede para pesquisa e a rede militar chamada MILNET. O avanço da rede viria com a criação, em 1986, do National Science Foundation, uma fundação para estimular a pesquisa que adotou também o TCP/IP para interligar os seus grandes centros de computação. Na época, a rede já era hierárquica e incluía conexões internacionais com o Japão e a Europa.

Em 1989, a ARPANET se transforma na Internet dos dias atuais. A grande revolução de rede ocorre em 1992 com a criação da World Wide Web, uma aplicação que permite aos usuários terem acesso a um hipertexto com texto e imagens.

Hoje, apenas no Brasil a Internet tem 80,9 milhões de usuários, ou seja, 80,9 milhões de usuários TCP/IP. Isso coloca o protocolo na liderança entre todos os protocolos de rede utilizados.

Uma das grandes vantagens do TCP/IP é ser um protocolo utilizado tanto em redes locais como em redes de longa distância, além disso o TCP/IP se adapta a sub-redes de diferentes tecnologias físicas e diferentes velocidades, tornando transparente para o usuário o acesso a essas redes.

Uma rede IP é criada a partir da utilização de roteadores, equipamentos que trabalham na camada 3 do modelo OSI e permitem o roteamento dos pacotes IP desde a origem até o destino.

Podemos destacar como os pontos fortes do TCP/IP:

- **Protocolo não orientado a conexão:** permite que um pacote siga caminhos distintos pela rede, garantindo mais flexibilidade e redundância.
- **Política de best effort:** o TCP/IP é baseado no melhor esforço. O que significa isso? Quer dizer que o TCP/IP faz o melhor esforço para entregar os pacotes, no entanto se houver uma paralisação da rede ou mesmo um congestionamento, alguns pacotes podem não ser entregues pela rede de pacotes.
- **Fragmentação:** o IP possui a capacidade de fragmentação, ou seja, pacotes grandes podem ser fragmentados para facilitar o transporte das informações em redes em que os protocolos de enlace trabalhem com tamanhos menores do que o pacote IP, como o Ethernet 1.500 bytes contra até 65.000 bytes do pacote IP.

6.2.1 Comparação entre o TCP/IP e o OSI

O TCP/IP foi um protocolo criado para atender às necessidades da rede ARPA, além disso ele é anterior ao nascimento do modelo OSI no início dos anos de 1980. Assim sendo, ele não implementa todas as camadas do modelo OSI. O TCP/IP possui quatro camadas:

- **Camada sub-rede ou camada enlace:** corresponde à camada enlace do modelo OSI. A camada física não é especificada pelo TCP/IP.
- **Camada rede:** executa as mesmas funções da camada rede do modelo OSI, sendo responsável pelo roteamento dos pacotes.
- **Camada transporte:** corresponde à camada transporte do modelo OSI, realizando o transporte fim a fim de unidades de dados.
- **Camada aplicação:** a camada aplicação do TCP/IP executa as funções das camadas sessão, apresentação e aplicação do modelo OSI.

A Figura 6.2 relaciona as camadas do modelo OSI com as camadas do modelo TCP/IP.

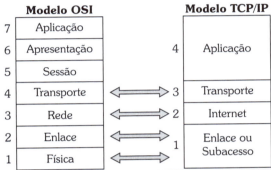

Figura 6.2 - Equivalência das camadas OSI com TCP/IP.

6.2.2 Endereçamento IP

São endereços únicos para cada estação da rede. Esse endereço é formado por 32 bits e os bits são separados entre porção da rede e porção da estação. De acordo com a separação foram criadas três classes de endereços:

- **Classe A:** 1-126 (por exemplo, 15.1.23.20)
- **Classe B:** 128-191 (por exemplo, 182.4.11.48)
- **Classe C:** 192-223 (por exemplo, 196.14.11.10)

A Figura 6.3 mostra a separação dos endereços de rede e endereço de estação em cada uma das classes de endereçamento.

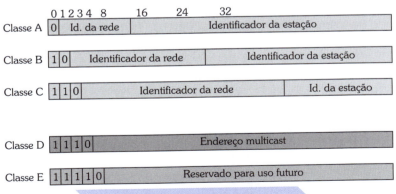

Figura 6.3 - Classes de endereçamento.

6.2.3 Máscara de rede

A máscara de rede é usada para determinar onde termina o endereço da rede e onde começa o endereço da estação. Devido à forma como a máscara de rede é usada, os bits são definidos com "1" da esquerda para direita. Por exemplo, uma máscara de sub-rede 255.0.0.0 corresponde a dizer que os oito primeiros bits, ou seja, o primeiro octeto, estão sendo utilizados para indicar a rede, e os vinte e quatro bits restantes para indicar estações.

Quando não possuímos sub-redes, ou seja, não dividimos um mesmo endereço de classe em várias redes, usamos as máscaras de rede default que são:

- **Classe A:** 255.0.0.0
- **Classe B:** 255.255.0.0
- **Classe C:** 255.255.255.0

Case 1 - Endereçamento

Vamos imaginar que a Editora Érica possui um endereço classe C válido na internet como 200.10.1.x. A Editora resolve dividir este endereço classe C em duas sub-redes, uma para o administrativo e outra para a produção. Como resolver este problema?

Para isso, precisamos criar uma máscara de rede que permita dividir a rede em duas. A máscara default para uma classe C em binário é:

```
11111111. 1111111. 1111111. 00000000
255.255.255.0
```

Para que possamos dividir o endereço classe C da Editora em dois, vamos precisar adicionar 1 bit à máscara, uma vez que a regra usada é:

$$N = 2^x$$

Em que N = número de sub-redes e X= número de bits que vamos adicionar à máscara.

Portanto, a máscara de sub-rede vai ficar com 1 bit a mais, ou seja:

```
11111111.11111111.11111111.10000000
255.255.255.128
```

A primeira sub-rede vai começar no endereço 200.10.1.0 (Id da rede), tendo como endereços válidos 200.10.1.1 a 200.10.1.126. O broadcast será o último endereço da sub-rede 200.10.1.126.

A segunda sub-rede vai começar no endereço 200.10.1.128 (Id da rede), tendo como endereços válidos 200.10.1.129 a 200.10.1.254. O broadcast será o último endereço da sub-rede 200.10.1.255.

6.2.4 Protocolos de transporte do TCP/IP

O TCP/IP implementa dois protocolos para transporte:

- **TCP:** para o serviço confiável e orientado a conexão;
- **UDP:** para o serviço não orientado a conexão.

Na camada de aplicações existe uma série de protocolos que fazem uso do TCP ou UDP para transporte. Na Figura 6.4 podemos observar os principais protocolos de aplicação do TCP/IP.

Resumindo, os principais protocolos de aplicação TCP/IP são:

- **FTP (File Transfer Protocol),** usado para a transferência de arquivos, trabalha com as portas TCP 20 e 21.

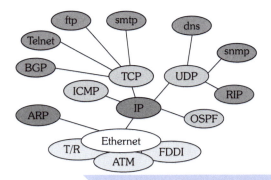

Figura 6.4 - Família de protocolos do TCP/IP.

- **NFS (Network File System),** protocolo incorporado pela SUN para acesso remoto a serviços de diretório, trabalha com o UDP na porta 111.
- **TELNET,** protocolo que permite a criação de um terminal remoto de uma estação, trabalha sobre o TCP na porta 23.
- **SNMP,** protocolo usado para gerência de redes, trabalha sobre o UDP na porta 161 e a estação de gerência sobre o TCP na porta 162.
- **SMTP,** protocolo para o serviço de correio eletrônico, trabalha sobre o TCP na porta 25.
- **HTTP,** protocolo usado para páginas web, trabalha sobre o TCP na porta 80.
- **DNS,** protocolo usado para resolução de nomes na Internet, trabalha sobre o protocolo UDP na porta 53.

6.3 Roteamento

É o processo que ocorre em cada nó da rede, em que os pacotes recebidos são analisados e a partir dessa análise é definido o caminho que o pacote vai seguir até alcançar o destino. Cada nó por onde um pacote vai trafegar da origem até o destino é responsável pela escolha do melhor caminho para o pacote trafegar em determinado instante. Se um roteador acabou de rotear um pacote para o endereço 120.1.2.3, caso o roteador receba um segundo pacote vindo do mesmo destino também para 120.1.2.3, não quer dizer que o pacote será roteado pelo mesmo caminho, visto que as informações sobre topologia e rotas podem ter se alterado nesse intervalo de tempo.

Em geral, a decisão sobre o caminho que o pacote deve seguir depende da análise de algumas informações, como tempo de resposta dos links, mudança de estado de links, priorização do pacote, entre outras.

O funcionamento do roteamento só é possível com a troca de informações de roteamento entre os nós das redes. As informações ficam armazenadas em tabelas nos roteadores, as quais são chamadas de tabelas de roteamento. A partir das informações dessas tabelas, um roteador toma a decisão sobre o melhor caminho para rotear determinado pacote. As tabelas precisam ser frequentemente trocadas entre os roteadores. Os protocolos responsáveis pela definição de rotas e a troca das tabelas de roteamento são os protocolos de roteamento.

Esses protocolos são baseados em distância ao vetor, no estado do link e protocolos de roteamento híbridos. Os protocolos mais conhecidos e utilizados são RIP, OSPF, BGP, IGRP, IS-IS e EGRP.

A Figura 6.5 apresenta um pacote sendo roteado em uma rede IP. Observe que em determinado instante da comunicação entre o computador A e o C, o pacote seguiu pelo caminho A, E, F, D, enquanto o pacote seguinte procurou o caminho A, B, C, D. A mudança ocorreu devido ao roteador A ter tomado a decisão que a melhor rota até o computador C havia mudado. Por essa razão, o pacote foi roteado por um novo caminho. Isso pode ter ocorrido porque entre a chegada do primeiro e do segundo pacotes no roteador A, ele pode ter recebido uma atualização de informações, como o link entre o roteador F e D que estava começando a congestionar.

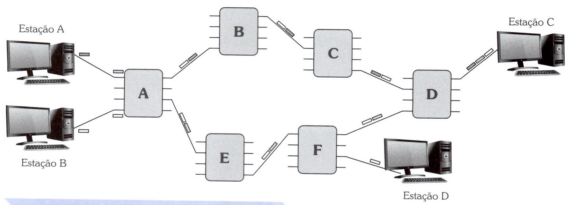

Figura 6.5 - Pacotes sendo roteados em uma rede IP.

Existem roteadores que podem delegar a decisão sobre o caminho em que o pacote será roteado para roteadores de hierarquia superior. Isso acontece porque o roteador foi configurado com o que chamamos de rota estática. Quando um roteador é configurado com rota estática, ele envia todos os pacotes que recebe sempre para o mesmo roteador. Em geral, um roteador diretamente conectado a ele toma a decisão sobre qual caminho o pacote vai seguir. Um roteador que também só trabalha com rota estática não precisa armazenar as tabelas de roteamento, portanto pode ser roteador de menor capacidade e com pouca memória. Lembre-se de que um roteador precisa de memória para armazenar as tabelas de roteamento.

Geralmente, as grandes operadoras, provedoras de serviços de dados, adicionam às pontas roteadores de baixa capacidade, configurados com rotas estáticas para seus roteadores de backbone (responsáveis pela definição das rotas), com isso o investimento para colocar um novo cliente na rede é pequeno.

Seguindo o conceito, podemos dizer que existem os seguintes tipos de roteamento:

- **Roteamento centralizado:** em que um roteador de alta capacidade calcula as melhores rotas e distribui para os outros roteadores da rede.
- **Roteamento isolado:** cada roteador analisa seus links e toma uma decisão isolada de roteamento.

- **Roteamento distribuído:** os roteadores se comunicam entre si, trocando informações sobre os links e o tráfego na rede e criam outra tabela de roteamento.
- **Roteamento hierárquico:** o roteamento hierárquico é necessário quando a rede é muito grande e a tabela de roteamento fica extensa, inviabilizando a troca e o armazenamento dessa tabela. Nessa solução, o roteamento é então dividido por áreas conhecidas como domínios, e em cada área existe um roteador que faz a interface com outras áreas. O protocolo utilizado para troca de informações entre domínios de roteamento é o BGP.

O protocolo de roteamento toma a decisão de qual rota o pacote deve seguir baseado em métricas. As principais métricas de roteamento são:

- **Estado do link de comunicação:** verifica se algum link no caminho não encontra-se mais disponível.
- **Número de hops ou saltos:** esta métrica conta o número de roteadores que o pacote deve passar para chegar até o destino.
- **Banda:** nesta métrica, é escolhido um caminho que apresente a melhor banda passante.
- **Utilização do link:** para esta métrica, considera-se a taxa de utilização do link de comunicação.
- **Atraso:** o tempo que leva para o pacote sair da origem e chegar no destino.
- **Probabilidade de falha:** baseada na contagem de pacotes com problemas nas interfaces.
- **Custo:** métrica que pode ser adicionada como parâmetro manualmente para priorizar determinada rota.

6.3.1 Roteadores

São os equipamentos que trabalham na camada rede do modelo OSI, "camada 3", roteando os pacotes entre as redes. Os roteadores executam, além do roteamento, algumas tarefas essenciais da rede, como servir de filtro isolando protocolos não roteáveis e o tráfego de broadcast, evitando assim que eles se propaguem entre as redes.

Os roteadores são equipamentos essenciais também para garantir a segurança das redes, além de atuarem como filtros de pacotes indesejáveis. Os roteadores de nova geração trabalham como um Firewall Statefull Inspection, protegendo as redes de invasores.

Os roteadores em geral não trabalham apenas com IP. São equipamentos multiprotocolo, por isso um roteador pode, além de converter pacotes, funcionar como um gateway de protocolos. Por exemplo, um mainframe que não possui IP pode conversar com uma rede IP através de um roteador que esteja configurado com uma interface que faça Data Link Switching com o mainframe. Conversões como de Novell IPX em IP podem também ser executadas por um roteador.

Os roteadores atualmente executam uma função importantíssima na rede que é o NAT (Network Address Translation). Essa capacidade permite ao roteador converter endereços IP válidos, usados para a conexão na Internet, em endereços IP inválidos. Os endereços inválidos são usados internamente na rede da empresa. Essa funcionalidade eliminou uma necessidade do passado, que todas as máquinas deviam possuir um endereço IP válido para acessar a Internet. O processo de NAT ocorre quando o pacote passa pelo roteador e é encaminhado para a Internet. O roteador troca o endereço inválido do campo de endereço origem do pacote pelo endereço válido da porta do roteador. Assim sendo, o pacote de retorno chega corretamente ao roteador, que fica responsável novamente pela tradução para que o pacote retorne à estação de origem.

Os novos roteadores agregam, além das interfaces WAN e das interfaces Ethernet, portas que podem ser utilizadas para a conexão de terminais de voz. As portas trabalham com VoIP (voz sobre IP) e permitem implantarmos o conceito de redes multisserviço, transportando voz e dados. Esses roteadores já começam a incorporar capacidades como Qualidade de Serviço, usando mecanismos avançados como o MPLS (Multi Protocol Label Switching). Na Figura 6.6, observe a foto de um roteador.

Figura 6.6 - Roteador.

Case 2 - Configuração de uma rede IP sobre uma linha privada em roteadores Cisco

A empresa ACME precisa fazer uma ligação LAN para LAN (rede a rede) entre a matriz e a filial. Para isso necessita implementar um link IP entre as duas pontas. Vamos explicar como resolver este problema. A Figura 6.7 apresenta o desenho da solução.

O primeiro passo para resolvermos o problema é definir o endereçamento IP para a empresa. Como se trata de uma rede privada, vamos usar endereços inválidos na Internet. Os endereços são chamados inválidos porque não existem sites na Internet com esses endereços. São definidas, via RFC, as seguintes classes de endereçamento inválido (privado):

- **Classe A privado:** 10.0.0.0 a 10.255.255.255
- **Classe B privado:** 172.16.0.0 a 172.31.255.255
- **Classe C privado:** 192.168.0.0 a 192.168.255.255

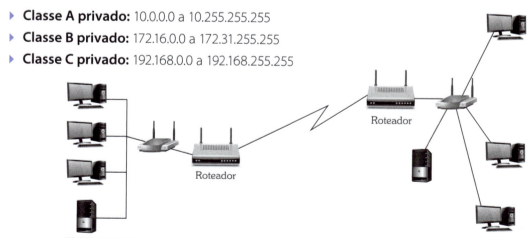

Figura 6.7 - Desenho da solução com roteadores.

REDES DE COMPUTADORES

Vamos optar pelo endereço privado classe B 172.16.X.X para a rede da empresa. A porta Ethernet do roteador da direita será 172.16.1.1, com máscara 255.255.0.0, as estações da direita receberam os endereços 172.16.1.10 (servidor), 172.16.1.11 a 172.16.1.13 (estações), todas as máquinas usando a máscara default 255.255.0.0.

Para a rede da esquerda, escolheremos a seguinte numeração privada classe B: 172.18.x.x. A interface Ethernet do roteador vai ficar com o endereço 172.18.1.1 e máscara 255.255.0.0, já as outras quatro máquinas vão ficar com os endereços 172.18.1.10 para o servidor e 172.18.1.11 a 172.18.1.13 para estações, todas usando a máscara default 255.255.0.0.

Para as portas seriais do roteador vamos escolher um endereçamento do tipo 10.x.x.x, então, teremos 10.0.0.1 e máscara 255.0.0.0 para o roteador da direita e 10.0.0.2 e máscara 255.0.0.0 para o roteador da esquerda. Elas estarão configuradas na mesma rede.

Vamos utilizar o protocolo PPP (Point to Point Protocol) para fazer a transmissão.

O roteador da rede da direita vai ficar com a seguinte configuração:

```
routername> enable
password: xxxxxxx
routername#> configuration terminal
routername(config)#>interface ethernet 0
routername(config-if)#>ip address 172.16.1.1 255.255.0.0
routername(config-if)#>interface serial0
routername(config-if)#>ip address 10.0.0.1 255.0.0.0
routername(config-if)#>router rip
routername(config-if)#>network 10.0.0.0
routername(config-if)#>network 172.16.0.0
routername(config-if)#>encapsulation PPP
routername(config-if)#>end
```

O roteador da rede da esquerda vai ficar com a seguinte configuração:

```
routername> enable
password: xxxxxxx
routername#> configuration terminal
routername(config)#>interface ethernet 0
routername(config-if)#>ip address 172.18.1.1 255.255.0.0
routername(config-if)#>interface serial0
routername(config-if)#>ip address 10.0.0.2 255.0.0.0
routername(config-if)#>router rip
routername(config-if)#>network 10.0.0.0
routername(config-if)#>network 172.18.0.0
routername(config-if)#>encapsulation PPP
routername(config-if)#>end
```

As máquinas da rede da direita devem ter como default gateway a porta Ethernet do roteador da direita. Para isso devemos configurá-lo como 172.16.1.1. Veja na Figura 6.8 a configuração de uma das estações.

As máquinas da rede da esquerda devem ter como default gateway a porta Ethernet do roteador da esquerda. Para isso devemos configurá-lo como 172.18.1.1. Veja na Figura 6.9 a configuração de uma das estações.

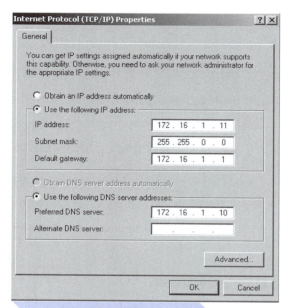

Figura 6.8 - Configuração da estação rede da direita.

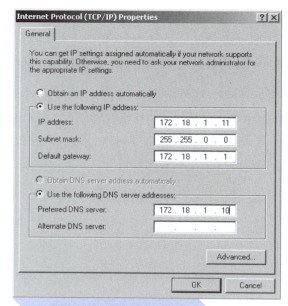

Figura 6.9 - Configuração da estação rede da esquerda.

/// AMPLIE SEUS CONHECIMENTOS

Quando o protocolo IP foi criado nos primórdios da Internet, existiam vários outros protocolos de rede utilizados na comunicação de dados. Por que o IP venceu a batalha? Devemos lembrar que o IP, por si só como protocolo da camada de rede, não é orientado a conexão e não garante a entrega das informações. Acontece que mesmo não garantindo a entrega a grande maioria dos pacotes chegam até o destino. Além disso, o que mais contribuiu para o sucesso do protocolo da camada de transporte, foi o TCP. Como o TCP possui mecanismos de controle de fluxo, retransmissão e ajuste da janela de transmissão, ele trouxe a confiabilidade necessária para o sucesso.

Saiba mais a respeito acessando: <https://www.citisystems.com.br/protocolo-tcp-ip/>. Acesso em: 13 dez. 2019.

6.4 IP versão 6

O IP versão 6 nasceu em meados de 1990 e o padrão foi publicado em 1998. Essa tecnologia surge devido ao esgotamento da quantidade de endereços IPs disponíveis com a versão do IPv.4. Os 32 bits tornaram-se insuficientes na metade do ano 2000 devido ao enorme crescimento da Internet. Quando do projeto inicial da ARPANET, não se imaginava que ela iria se transformar no que é a Internet de hoje, e os 32 bits disponíveis para endereçamento pareciam mais do que suficientes. Com essa nova tecnologia expandimos a quantidade de IPs válidos de 4 bilhões para mais de 134 trilhões de endereços.

A situação não ficou tão crítica porque a partir de 1990 iniciou-se a utilização das técnicas de tradução de endereços, ou seja, NAT (Network Address Translation), o que reduziu significativamente a necessidade de endereços IPs válidos para as estações.

A tecnologia do IP versão 6 traz uma série de novidades, sendo a principal expandir o espaço de endereçamento de 32 bits para 128 bits. Diferentemente do IPv4 que possui uma notação decimal para a representação dos endereços, o IPv6 é representado por notação hexadecimal. Exemplo de um IP versão 6: FE80:0000:0000:0000:0260:97FF:FE8F:64AA.

Além do problema da exaustão de endereços existem ainda alguns problemas não endereçados pelo IP versão 4:

- Priorização de tráfego - o IPv4 não possui métodos para priorizar o tráfego, ou definir classes de serviço, que normalmente aplicações como vídeo e voz necessitam.
- A quantidade de dispositivos e aplicações móveis cresce com uma velocidade impressionante o que dificulta o uso do IPv4.
- Não existe suporte de segurança intrínseco ao IPv4, necessitando da utilização de soluções proprietárias o que muitas vezes gera problemas de interoperabilidade.

Outras funcionalidades disponíveis no IPv6 são:

- **Suporte à tecnologia de QoS (Qualidade de Serviço):** o IPv6 possui dois campos no cabeçalho que permitem definirmos classes de serviços que são tratadas diferentemente pelos roteadores, por exemplo serviços de vídeo, voz, entre outros.
- **Suporte à autenticação e criptografia através do IPSec:** Essa tecnologia foi criada em conjunto com o projeto do IP versão 6 e possibilita, através do uso da criptografia, melhorarmos o nível de segurança das comunicações.
- **Total integração com o IPv4**: com recursos de tunelamento, ou seja, o IPv6 pode ser tunelado em IPv4, permitindo a integração das duas tecnologias.

Com o IPv6 não existe mais a necessidade de NAT, uma vez que o espaço de endereçamento é infinitamente maior. A transição das redes IPv4 para IPv6 é um processo demorado que ainda não se iniciou no Brasil. Nos Estados Unidos, Ásia e Europa diversas operadoras de telecomunicações já começaram esse processo de transição.

Algumas características do IPv6:

- novo cabeçalho do pacote IP;
- espaço de endereçamento maior;
- suporte a protocolo de comunicação segura IPsec;
- melhor suporte a priorização de tráfego.

Novo cabeçalho IPv6

Este novo cabeçalho foi desenhado para minimizar o processamento anexando campos não essenciais e opcionais as extensões IPv6. Isto torna o IPv6 mais eficiente para o processamento por roteadores intermediários.

Os cabeçalhos do IPv4 e IPv6 não são interoperáveis, ou seja, um roteador IP deve estar preparado para trabalhar com pacotes dos dois tipos de cabeçalhos, o cabeçalho IPv6 é o dobro do tamanho do cabeçalho IPv4, embora o número de bits de endereçamento do IPv6 seja quatro vezes maior do que o IPv4.

Apenas lembrando que o NAT não é mais necessário com o IPv6, existem endereços mais que suficientes para atender toda a demanda.

Configuração estática e dinâmica de endereços

O IPv6 suporta tanto o uso de definição automática de endereços usando para isso o protocolo DHCP (Dynamic Host Configuration Protocol), como definição estática de endereçamento.

Com o DHCP, a máquina recebe um endereço dentro do prefixo que foi assignado, este prefixo é o mesmo utilizado na rede onde o computador ganhou o endereço, os roteadores, equipamentos de rede devem estar trabalhando com este prefixo.

Embora o princípio do DHCP seja o mesmo no IPv6 com no IPv4, normalmente leva apenas alguns segundos para atribuição do IP no IPv6, inclusive para atualizar o endereço, no caso do IPv4 a atualização de endereços pode levar até 1 minuto.

Suporte nativo a IPSec

O IPSec é uma camada completa de segurança para o IPv6 e compreende dois diferentes cabeçalhos:

- AH (Authentication Header) fornece integridade de dados, autenticação, proteção anti-replay para todo o pacote IPv6, excluindo os campos necessários para o encaminhamento do pacote;
- ESP (Encapsulating Security Payload), disponibiliza integridade dos dados, autenticação, confidencialidade, proteção Anti Replay. A diferença para o AH é que no ESP os dados são encriptados.

O IPSec usa um processo de troca de chaves criptográficas conhecido como IKE, ou Internet Key Exchange Protocol.

É bom lembrar que o IPSec não é um pré-requisito para o uso do IPv6, inclusivo é possível utilizar o IPSec com redes IPv4.

O requisito para processar cabeçalhos IPsec não torna o IPv6 inerentemente mais seguro. Os pacotes IPv6 não precisam ser protegidos com IPsec, e o IPsec não é um requisito de uma implantação IPv6.

Melhor suporte a priorização de dados

No IPv6, novos campos foram adicionados permitindo que o tráfego seja identificado e priorizada a entrega dependendo da classe de serviço utilizada. Existe um campo no pacote chamado de "Traffic Class Field" que especifica que tipo de serviço prioritário o pacote é, permitindo assim que ele seja tratado prioritariamente por roteadores durante o fluxo. Este recurso é suportado mesmo quando utilizamos o IPSec.

Novo Protocolo de Descoberta de Nós - NDP

Além do ICMP usado para realizarmos o PING aos diferentes nós da rede, usado principalmente para verificar se o nó está ativo como usado no IPv4, o IPv6 traz um novo procotolo chamado NDP (Neighbor Discover Protocol), este protocolo substitui o ARP (Address Resolution Protocol) do IPv4.

REDES DE COMPUTADORES

Na Figura 6.10 podemos observar o pacote IPv6.

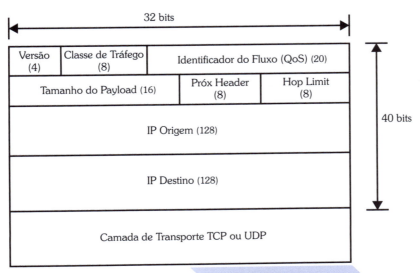

Figura 6.10 - Pacote IPv6.

VAMOS RECAPITULAR?

Neste capítulo abordamos os fundamentos de protocolos de comunicação, destacando-se o TCP/IP e de conceitos de roteamento de redes.

AGORA É COM VOCÊ!

1. Quem foi o primeiro patrocinador do projeto TCP/IP?

    a. DOD.
    c. BOEING.
    e. Xerox.
    b. NASA.
    d. HP.

2. Qual é o grande avanço que a Universidade de Berkeley incorporou ao projeto do TCP/IP?

3. Indique qual não é uma característica do TCP/IP:

    a. Trabalha com a política de melhor esforço.

    b. É um protocolo legado.

    c. Possui capacidades de fragmentação e remontagem de quadros.

    d. Protocolo padrão em sistemas conectados à Internet.

    e. Nenhuma das alternativas anteriores.

4. Indique a quais classes de endereçamento (A/B/C) os endereços seguintes pertencem:

   ( ) 15.16.168.4   ( ) 196.168.10.41   ( ) 200.270.40.1

   ( ) 135.10.4.1   ( ) 130.10.1.1   ( ) 9.19.9.9

   ( ) 115.10.4.5

5. Indique a classificação do protocolo:

   T – Transporte / R – Rede / A – Aplicação / E - Enlace

   ( ) TCP   ( ) ARP   ( ) SMTP

   ( ) ICMP   ( ) DNS   ( ) BGG

   ( ) Ethernet   ( ) OSPF   ( ) SNMP

6. Qual é a função do roteamento?

7. Qual é a finalidade das tabelas de roteamento?

8. Qual é a função do protocolo de roteamento?

9. Indique quais dos protocolos seguintes são de roteamento?

   a. RIP.   c. BGP.   e. ICMP.
   b. OSPF.   d. TCP.

10. O roteamento é o processo por meio do qual se realiza o encaminhamento dos pacotes baseados na informação do endereço de cada estação. Em uma rede como a Internet, o caminho a ser seguido (roteamento) de pacotes que possuam origem e destino iguais será sempre o mesmo?

11. Existem vários métodos de roteamento, dentre os quais podemos destacar o roteamento distribuído e o hierárquico. Um grande prestador de serviços de comunicação, como uma operadora, escolheria qual dos dois modelos?

12. Em qual camada do modelo OSI trabalham os roteadores?

    a. 1.   c. 3.   e. 5.
    b. 2.   d. 4.

13. Indique qual dos itens seguintes corresponde a inovações dos roteadores:

    a. NAT.   c. Roteamento estático.   e. OSI.
    b. Firewall. d. VoIP.

7

REDES WIRELESS WIFI

PARA COMEÇAR

O objetivo deste capítulo é apresentar os fundamentos de redes sem fio, como funcionam, onde se aplicam, quais os principais benefícios. Serão apresentadas as tecnologias, os padrões e as topologias de redes sem fio.

7.1 Definição

As redes wireless ou redes sem fio são um sistema de comunicação de dados extremamente flexível, que pode ser usado como uma extensão, ou uma alternativa a redes locais (LANs cabeadas). É uma tecnologia que combina conectividade de dados com mobilidade através de tecnologia de radiofrequência (RF).

As redes sem fio são largamente utilizadas devido principalmente à facilidade de uso e de instalação.

Se considerarmos o WiFi dentro da categoria de dispositivos IoT (Internet das coisas), até 2020 cerca de 20 bilhões de dispositivos conectados, a grande maioria deles com suporte a WiFi.

A tecnologia wireless vai ao encontro das necessidades que os usuários possuem de mobilidade. Apenas nos Estados Unidos, por volta de um terço da força de trabalho fica 20% do tempo longe do escritório. Além disso, é crescente a utilização de equipamentos de computação móveis como notebooks e PDAs.

Por que wireless?

A resposta a esta pergunta está baseada nos seguintes fundamentos:

- quando existe a necessidade de mobilidade.;
- quando não é possível instalar os cabos tradicionais;
- quando não existe viabilidade na instalação dos cabos.

7.2 Benefícios

As redes wireless apresentam uma série de benefícios, se comparadas às redes tradicionais, entre eles a mobilidade, a rápida e simples instalação, a escalabilidade, redução de custo na instalação, ser uma solução completa para grandes, médias e pequenas empresas.

Essa tecnologia possui um leque grande de aplicações em quase todos os mercados:

- hospitais, consultórios médicos;
- universidades;
- fábricas, armazéns, centros de distribuição;
- lojas, seguradoras;
- bancos e instituições financeiras;
- ambiente de escritório, indústrias;
- advogados, consultores;
- conferências, reuniões de negócio;
- emergências/desastres;

Alguns fatores críticos que devemos analisar quando da escolha de uma rede wireless são:

- **Imunidade a interferências:** o ambiente possui fontes de interferência na faixa de operação do wireless?
- **Segurança dos dados:** estamos implementando os mecanismos de segurança necessários?
- **Conectividade com redes locais existentes:** existe uma rede cabeada para fazermos a integração?
- **Mobilidade/portabilidade/compatibilidade:** a nova rede é compatível com as aplicações existentes?
- **Performance:** a performance é adequada às aplicações?
- **Gerenciamento de redes:** posso gerenciar a rede wireless com a minha plataforma de gerência?
- **Sistemas para desktops e laptops:** existem placas para desktops e notebooks?
- **Facilidade de instalação:** é fácil instalar a rede?
- **Custo acessível:** qual é o custo?

7.3 Tipos de redes sem fio

Existem basicamente três tipos de redes sem fio, que são baseadas em:

- infravermelho;
- radiofrequência: WiFi e Bluetooth;
- laser.

7.3.1 Infravermelho

As redes wireless em infravermelho possuem como característica a não necessidade de licença para operação. Os produtos possuem cobertura mundial, portanto sem requerimentos específicos de cada país.

Em geral, são equipamentos de baixo custo, e usam a mesma tecnologia que os sistemas de controle remoto que temos em casa, com baixa taxa de erros.

O infravermelho pode ser em visada, emitindo o sinal do infravermelho em uma faixa relativamente estreita, ou difuso, quando o sinal é transmitido em uma faixa maior, não necessitando de visada entre os equipamentos. A Figura 7.1 apresenta as formas de transmissão do infravermelho.

É uma solução tipicamente indoor, ou seja, para uso interno. Devido à faixa de frequência em que opera, não ultrapassa paredes, entretanto, ele pode ser usado como solução outdoor, ou seja, uso externo, desde que para isso exista visada entre os elementos.

O alcance do infravermelho em visada vai de 5 a 30 metros. Em uma rede interna, a capacidade é pequena de 5 a 15 participantes.

O infravermelho trabalha em uma frequência acima das micro-ondas e abaixo da luz visível. As transmissões com infravermelho são padronizadas pelo IrDA (Infrared Data Association) e a comunicação é muito semelhante à serial.

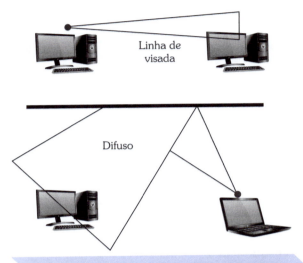

Figura 7.1 - Formas de transmissão do infravermelho.

7.3.2 Radiofrequência (micro-ondas) ou WiFi

Os sistemas baseados em radiofrequência utilizam micro-ondas para transmitir o sinal através do ar. Geralmente, eles utilizam faixas de frequências conhecidas como ISM (Industrial Scientific Medical), que são abertas porque não existe a necessidade de autorização para transmitir sinais nessas frequências.

O ISM foi padronizado na maioria dos países em três faixas de frequência, sendo 900 MHz, 2.4 GHz e 5 GHz. A Figura 7.2 exibe o ISM dentro do espectro de frequências.

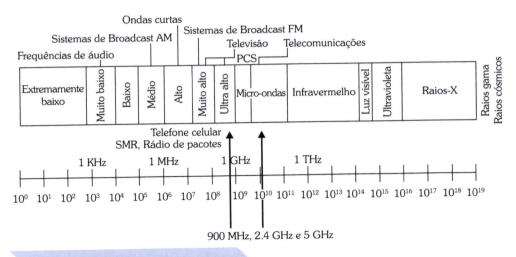

Figura 7.2 - Espectro de frequências ISM.

No caso de wireless LAN na frequência de 2.4 GHz, foram especificados 13 canais. Em alguns países, no entanto, alguns desses canais não são liberados. No Brasil, como exemplo, está permitido o uso de 11 canais. A Figura 7.3 apresenta os canais da faixa de 2.4 GHz.

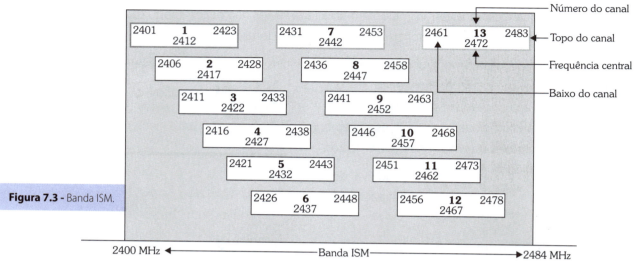

Figura 7.3 - Banda ISM.

Fatores que afetam a propagação dos sinais:

- **Frequência:** as características de propagação podem variar muito com a frequência, entretanto algumas frequências são melhores do que outras. A frequência de 2.4 GHz apresenta um bom nível de propagação. Geralmente, quanto maior a frequência maior o consumo de energia e menor o alcance.

- **Potência de transmissão:** o alcance de um sinal pode ser estendido se for transmitido com uma potência maior, é claro que limitada à regulamentação do País; caso contrário, estaríamos poluindo o espectro. Um ponto que devemos lembrar é que quanto maior a potência maior é o consumo da bateria.

- **Antenas:** o tipo e a orientação das antenas são críticos. É comum a existência de problemas em uma rede wireless pelo mau posicionamento da antena ou mesmo pelo uso de uma antena errada.

- **Tipo de construção:** dependendo do tipo da construção, ele pode afetar diretamente a propagação do sinal. Por exemplo, o excesso de ferro e de outros metais afeta diretamente a propagação do sinal, em muitos casos obrigando a colocação de mais rádios.

- **Sinais refletidos:** um sinal de rádio pode tomar vários caminhos do transmissor ao receptor, é o que conhecemos como multipath. Sinais refletidos podem tornar o sinal fraco e com interferência dele mesmo. Na Figura 7.4 podemos observar o problema dos sinais refletidos.

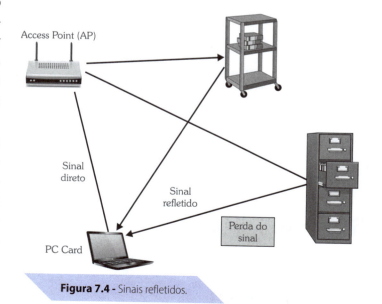

Figura 7.4 - Sinais refletidos.

AMPLIE SEUS CONHECIMENTOS

É pratica mundial o uso de placas e sinais com o logo do WiFi Zone como um identificador que no local existe uma rede sem fio aberta. Assim, toda vez que você estiver em sua cidade ou viajando e ver este símbolo, ali existe uma rede sem fio aberta para acesso. Infelizmente, nem sempre esse acesso é gratuito. Muitas vezes, ao conectarmos a estas redes, o navegador da internet nos direciona para um servidor em que precisamos inserir o dados do cartão de crédito para pagamento do serviço.

Saiba mais em: <https://glo.bo/36KxhGk>. Acesso em: 17 dez. 2019.

7.3.3 Sistemas baseados em laser

Os sistemas baseados em laser utilizam a luz para a transmissão do sinal digital e não precisam de nenhum tipo de outorga ou autorização para o uso. Esses sistemas trabalham com alta largura de banda, chegando em alguns casos a até 2.5 gigabits por segundo e um alcance médio de dez quilômetros.

Essas tecnologias trabalham normalmente com dois feixes de lasers direcionais de forma a possibilitar redundância. Por utilizar a luz para propagação, o laser exige que exista visada entre os dois pontos que estão interconectados. Outra característica importante é que, quando se utiliza essa tecnologia, os enlaces são sempre ponto a ponto, não existindo a topologia ponto multiponto.

A Figura 7.5 mostra um enlace ponto a ponto utilizando a tecnologia de laser.

Figura 7.5 - Enlace ponto a ponto utilizando tecnologia de laser.

Esse tipo de tecnologia é afetado por condições atmosféricas como neblina, chuvas torrenciais e neve, e pode, inclusive, causar a interrupção do sinal. Nos sistemas baseados em dois feixes, caso o feixe principal seja interrompido por um obstáculo, como um pássaro, o sinal é transmitido pelo feixe secundário.

Uma das maiores vantagens dessa tecnologia é a segurança, uma vez que o sinal de laser é praticamente impossível de ser interceptado. Recentemente quadrilhas de hackers que realizavam fraudes bancárias foram presas no Brasil. Foi descoberto que eles usavam equipamentos com essa tecnologia, o que dificultava inclusive localizar a posição exata desses criminosos.

Essa tecnologia ainda é muito pouco utilizada, principalmente devido aos altos custos dos dispositivos (lasers) e à sua manutenção. No Brasil existem poucas operadoras e empresas que adotaram essa tecnologia.

7.4 Métodos de acesso

As redes wireless LAN geralmente utilizam o spread spectrum como tecnologia de acesso. O spread spectrum, ou técnica de espalhamento espectral (SS), garante a segurança na comunicação, trabalhando com baixa relação sinal/ruído e com a utilização de uma banda maior que a necessária.

O spread spectrum possui dois modos de operação:

- frequence hopping;
- direct sequence.

Frequency hopping

O Frequency Hopping Spread Spectrum (FHSS) usa múltiplas frequências de forma pseudoaleatória, dificultando a sintonização do sinal. Ele usa uma portadora de banda estreita que muda a frequência, acompanhando uma sequência conhecida tanto pelo transmissor como pelo receptor. Sincronizado corretamente, o objetivo é manter um único canal lógico. Para um receptor não conhecido, o FHSS aparece como um ruído de pulso de curta duração. A norma IEEE 802.11 padroniza a velocidade de 2 Mbps para o Frequency Hopping.

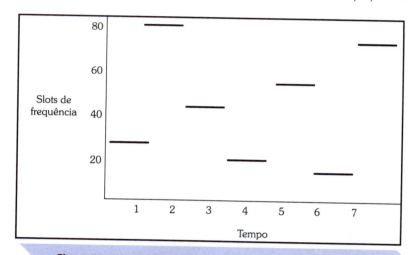

Figura 7.6 - Alocação de frequências pseudoaleatórias Frequence Hopping.

Direct sequence

O Direct Sequence Spread Spectrum (DSSS) gera um bit redundante para cada um transmitido. Esse bit é chamado de chip. Mesmo que um ou mais bits em um chip sejam danificados durante a transmissão, as técnicas estatísticas do rádio podem recuperar os dados originais sem a necessidade de retransmissão. O dígito 1, ao ser transformado em um chip, pode ser explodido por um fator de 16 (exemplo: 1100110010101010).

Para um receptor não intencional, o sinal do DSSS aparece como uma fonte de ruído de baixa potência e é descartado pela maioria dos receptores de banda curta.

Essa tecnologia é muito eficiente. Tem pouco overhead e, além disso, garante maior velocidade quando comparada ao Frequency Hopping a uma mesma distância. O sistema permite a utilização de uma quantidade grande de canais.

O IEEE 802.11 DSSS é padronizado para 2 Mbps, já o 802.11b trabalha com velocidade de 11 Mbps. A Figura 7.7 exibe a alocação de banda no Direct Sequence.

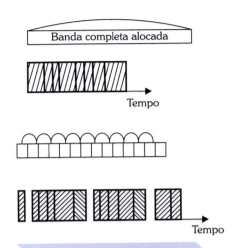

Figura 7.7 - Alocação de banda no Direct Sequence.

7.5 Alcance

A distância com que as ondas RF podem se comunicar está relacionada basicamente com a potência de transmissão, a sensibilidade do receptor e o caminho por onde a onda se propaga, especialmente em ambientes indoor. O tipo do material de construção, paredes, metal e principalmente as pessoas podem afetar diretamente a propagação do sinal e, consequentemente, o alcance.

A vantagem do uso da radiofrequência é que pode penetrar em paredes e obstáculos. O alcance, ou seja, o raio de cobertura de um sistema wireless LAN em ambiente indoor vai de 35 a 100 metros, e pode ser estendido via roaming.

Interferências e antenas inadequadas são outros fatores que afetam a transmissão. Os sistemas wireless LAN trabalham com o conceito de fall back, da mesma maneira que ocorre nos modems.

Quando o sinal fica fraco em determinado local, a placa wireless baixa o sinal para uma velocidade menor. O inverso também ocorre. Caso o sinal se restabeleça, a placa pode então trabalhar com uma velocidade maior.

Na Figura 7.8 podemos observar este efeito. Quanto mais longe do access point, ou ponto de acesso, menor é a velocidade de transmissão.

7.6 Performance

Os sistemas wireless LAN trabalham baseados no conceito de uma rede Ethernet. Na verdade, o ar acaba sendo o hub em que as estações encontram-se conectadas. Vários fatores afetam a performance desse sistema. Entre eles, podemos citar:

- número de usuários na mesma célula;
- volume de dados trafegado;
- taxa de erro do rádio (por isso, a diferença entre fabricantes de rádio).

Algumas medições empíricas de uma rede wireless a 11 Mbps, com 14 estações usando as aplicações comuns de e-mail, Internet etc., apresentaram uma banda nominal entre 4 e 6 Mbps. Isso ocorre devido aos overheads dos protocolos e das colisões.

7.7 Elementos da solução

Os elementos da solução de wireless LAN incluem:

- **Placas de rede wireless:** são os adaptadores usados nas estações, os quais possuem barramento PCI, PCMCIA e USB, podendo ser instalados em notebooks ou em computadores desktops. A Figura 7.9 apresenta uma placa wireless da 3Com.

Figura 7.9 - Placa wireless.

- **Access point:** ou ponto de acesso é uma estação na rede wireless responsável por gerenciar as conexões entre usuários e a rede, além de ser o ponto de conexão da rede wireless com a rede cabeada. Cada access point pode atender a vários usuários na mesma rede. A área de cobertura de um access point fica em torno de 100 metros de raio. Para atender principalmente aos usuários que se deslocam mais que 100 metros, é necessária a colocação de mais access point no mesmo escritório. A Figura 7.10 apresenta um Access Point.

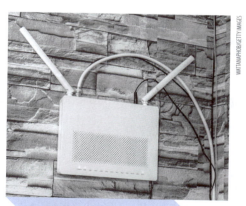

Figura 7.10 - Access point.

- **Antenas:** são um ponto primordial para o bom funcionamento do sistema de redes sem fio. Elas irradiam os sinais da rede sem fio. Existem basicamente antenas internas e externas, dos tipos direcional e omnidirecional. As antenas direcionais concentram e irradiam o sinal em uma única posição. São exemplos: Yagi, Grade e semiparabólica. A Figura 7.11 exibe antenas direcionais. As antenas omnidirecionais propagam ao longo do eixo em um ângulo de 360 graus. Na Figura 7.12 podemos observar uma antena omnidirecional.

Figura 7.11 - Antenas direcionais.

Figura 7.12 - Antenas omnidirecionais.

7.8 Topologias da rede sem fio

As redes sem fio podem trabalhar nas seguintes topologias:

- topologia estruturada;
- topologia ad hoc.

7.8.1 Topologia estruturada

Nessa topologia as estações estão dispostas em uma célula, as quais são controladas por um access point. Os limites da célula são definidos pelo alcance do access point. Nessa arquitetura, a rede possui uma topologia fixa definida pelo posicionamento do access point, que, neste caso, é responsável por alocar os recursos, além de gerenciar o consumo de energia das estações.

7.8.2 Topologia ad hoc

Nessa topologia vários dispositivos móveis estão interconectados entre si, formando uma rede. Nesse caso, não existe uma topologia predefinida, uma vez que os participantes podem se mover, alterando a topologia da rede. Não existe um ponto central de controle, portanto os serviços são gerenciados e oferecidos pelos participantes. Na Figura 7.13 podemos observar as topologias.

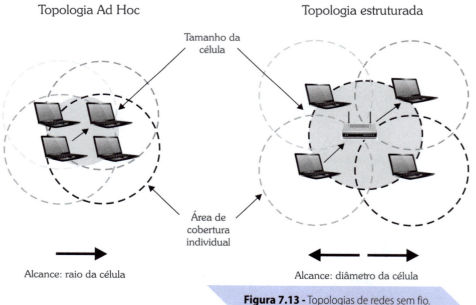

Figura 7.13 - Topologias de redes sem fio.

7.9 Padronização de redes wireless

IEEE 802.11

O primeiro padrão de redes sem fio nasceu com o IEEE 802.11 e estabelece tanto os protocolos de acesso ao meio (MAC) como os protocolos da camada física (PHY). Esse padrão definiu como tecnologia de transmissão o Spread Spectrum Frequency Hopping, o Spread Spectrum Direct Sequence e o infravermelho.

O IEEE 802.11 trabalha nas velocidades de 1 ou 2 Mbps, na frequência ISM de 2.4 GHz. Os canais alocados são os apresentados na Figura 7.3. Esse padrão especificou ainda o protocolo de acesso ao meio, o CSMA/CA, que é muito parecido com o CSMA/CD da Ethernet, sujeito inclusive à colisão.

No caso da existência de uma rede com vários access points, devemos levar em consideração que cada access point deve estar trabalhando em um canal distinto, o que evita problemas como a sobrecarga dos canais. Para que isso ocorra, é necessário fazermos um reaproveitamento dos canais, e, para isso, geralmente escolhem-se os canais 1, 6 e 11. As escolhas ocorrem porque esses canais não sofrem sobreposição (overlay). A Figura 7.14 apresenta o reaproveitamento dos canais no Brasil e nos Estados Unidos.

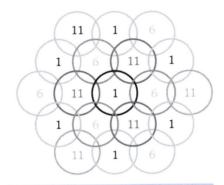

Figura 7.14 - Reaproveitamento dos canais.

Roaming

Processo pelo qual conseguimos aumentar a abrangência da rede wireless LAN. Permite que múltiplas redes coexistam na mesma área física. Os canais de RF mudam durante o processo, devido a múltiplos canais permitirem mais banda. Quando um usuário móvel passa por um processo de roaming de uma AP para outra, a interface de rede automaticamente reassocia o usuário à AP com melhor performance. Na Figura 7.15 podemos observar o processo do roaming.

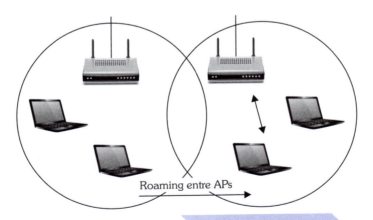

Figura 7.15 - Roaming.

IEEE 802.11b

O padrão IEEE 802.11b foi criado em julho de 1998 e aprovado em setembro de 1999. Ele trabalha com o Spread/Spectrum Direct Sequence com taxas de até 11 Mbps. O padrão especifica ainda taxas de fall back em 5.5, 2 e 1 Mbps. As redes 802.11 b trabalham também na faixa de ISM de 2.4 GHz.

O consórcio criado por fabricantes, conhecido como WiFi, testa e realiza testes de confiabilidade e interoperabilidade com dispositivos aderentes a esse padrão.

IEEE 802.11a

O padrão IEEE 802.11a foi aprovado em conjunto com o 802.11b, permitindo a operação em faixas de até 54 Mbps. Ele não trabalha com o Spread Spectrum, mas com o OFDM que é outra técnica de transporte. Como o OFDM é mais eficiente que o Spread Spectrum, as redes 802.11a trabalham com taxas de até 54 Mbps. Esses equipamentos fazem fall back nas taxas de 48, 36, 24, 18, 12, 9 e 6 Mbps.

Os equipamentos 802.11a trabalham na faixa de frequência ISM 5 GHz, não sendo o seu uso liberado sem licença em alguns países. Apenas recentemente a ANATEL padronizou o uso da frequência de 5 GHz no Brasil, uma vez que ela já vinha sendo utilizada por alguns sistemas militares. Por trabalhar nesta faixa de frequência, está menos sujeito à interferência e não sofre com o congestionamento da banda 2.4 GHz (telefone sem fio, micro-ondas, bluetooth). Além disso, coexiste com sistemas 2.4 GHz.

Por trabalhar com a frequência maior com o mesmo nível de potência de um dispositivo 802.11 b, o alcance do 802.11a acaba sendo 50% menor, além disso o consumo de energia é maior, o que para dispositivos móveis não é muito adequado. A Tabela 7.1 apresenta as diferenças entre o 802.11a e o 802.11b.

Tabela 7.1 - 802.11a × 802.11b

	802.11a	802.11b
Banda	até 54 Mbps (54, 48, 36, 24, 18, 12 e 6 Mbps)	Até 11 Mbps (11, 5.5, 2 e 1 Mbps)
Alcance	50 metros	100 metros
Frequência	UNII e ISM (5 GHz range)	ISM (2.4000 - 2.4835 GHz range)
Modulação	OFDM	DSSS

IEEE 802.11g

O padrão IEEE 802.11g é uma extensão do IEEE 802.11b. Na verdade, existe uma compatibilidade entre os padrões porque os dois trabalham na mesma faixa de frequência. Basicamente, o que diferencia um do outro é o fato de o 802.11g trabalhar com OFDM e não com Spread Spectrum. Como o OFDM é mais eficiente no que diz respeito à utilização de banda passante, chegamos nas mesmas velocidades encontradas no 802.11a, só que agora atingindo o mesmo alcance do IEEE 802.11b por trabalhar em idêntica faixa de frequência.

O IEEE 802.11g atinge a velocidade de 54 Mbps com o fall back definido em 54, 48, 36, 24, 18, 12 e 6 Mbps. Com o barateamento dos dispositivos, é possível comprar um adaptador de rede wireless 802.11b/g por volta de sessenta e cinco dólares.

Ainda, se compararmos o consumo, uma rede com IEEE 802.11g gasta menos energia que a IEEE 802.11a, o que representa uma economia de bateria para dispositivos móveis.

Existem ainda outras tecnologias que estão em fase de padronização como o Super G, cuja ideia é aperfeiçoar a transmissão de frames, permitindo alcançarmos taxas de 108 Mbps. Espera-se a padronização para essa tecnologia em breve. A Tabela 7.2 mostra uma comparação entre o IEEE 802.11a e o IEEE 802.11g.

Tabela 7.2 - Comparando o IEEE 802.11a e o IEEE 802.11g

IEEE 802.11a	IEEE 802.11g
5 GHz, 54 Mbps	2,4 GHz, 54 Mbps
Não é compatível com 802.11b	Compatível com 802.11b
Necessita de mais APs para cobrir a mesma área 25% a mais	Mesma cobertura do 802.11b
802.11b e 802.11a podem ser usados juntos	802.11g opera na mesma frequência do 802.11b

IEEE 802.11e

O IEEE 802.11e, também conhecido como P802.11 TGe, tem o objetivo de melhorar a camada MAC (Medium Access Control) do IEEE 802.11 de forma a incorporar QoS. Essa tecnologia não é ainda suportada pelos rádios atuais, uma vez que o padrão ainda não está fechado. Hoje alguns fabricantes suportam um nível básico de priorização, mas trabalhando com tecnologias proprietárias.

IEEE 802.1f - Inter-Access Point Protocol

Esse padrão é também conhecido como P802.11 TGf, e tem como objetivo desenvolver um conjunto de requisitos para Inter-Access Point Protocol (IAPP), incluindo aspectos operacionais e de gerenciamento.

A ideia desse padrão é criar um subset mínimo que permita aos access points interoperarem entre si, e sendo capazes de ser gerenciados de uma forma centralizada. Algumas características que estão sendo avaliadas vão desde técnicas de roaming avançado a gerenciamento de energia entre APs.

IEEE 802.11 i - security

As redes wireless IEEE 802.11 baseiam sua segurança no uso de alguns mecanismos considerados fracos, além disso boa parte das redes wireless não adotam esses mecanismos. Os mecanismos de segurança disponíveis e estabelecidos antes da publicação deste padrão são:

- **SSID,** que é o nome de uma rede sem fio, usado para identificar a rede, é necessário para acessar o access point. Em redes sem o mínimo de segurança é comum observarmos produtos WLAN com o SSID default como 101 para 3COM e tsunami para Cisco. Quanto mais pessoas conhecerem o SSID maior a chance de ser mal utilizado. A mudança do SSID requer a mudança em todos os usuários da rede.

- **WEP (Wire Equivalent Privacy),** usado para criptografia dos dados, o WEP criptografa o tráfego entre o cliente e o access point. A criptografia é realizada na camada enlace, usando o algoritmo criptográfico RC4 da RSA (40 bits secret key + 24 bits Vetor Inicialização). A chave criptográfica do WEP pode ser quebrada em questão de minutos. Além disso, todos os usuários de um mesmo access point compartilham a mesma chave de criptografia.

- **Padrão 802.1x,** que pode ser usado tanto em redes cabeadas como em redes sem fio, utiliza o protocolo EAP - Extensible Authentication Protocol (RFC 2284) que é baseado na autenticação do usuário pelo endereço MAC do seu adaptador wireless, utiliza ainda RADIUS e autenticação forte. O EAP pode ainda prover troca dinâmica de chaves, eliminando alguns dos problemas do WEP.

- **WPA,** que elimina as vulnerabilidades do WEP e estende o algoritmo RC4 do WEP em quatro novos algoritmos:

    - aumento da quantidade de bits do vetor de inicialização IV para quarenta e oito bits, o que equivale a mais de quinhentos trilhões de chaves;
    - message Integrity Code (MIC) chamado Michael, empregado via hardware troca de números iniciais aleatórios para anular ataque man-in-the middle;
    - derivação e distribuição de chaves;
    - TKIP (Temporal Key Integrity Protocol) gerando chaves por pacote.

O padrão IEEE 802.11i adicionou a esses mecanismos o uso de um algoritmo de criptografia seguro conhecido como AES (Advanced Encryption Standard). Esse algoritmo é baseado em uma cifra simétrica segura de 256 bits, inviolável com os sistemas computacionais existentes hoje.

Existe uma pesquisa realizada mundialmente sobre segurança em redes sem fio chamada de worldwidewardrive. Na pesquisa colaboradores tentam identificar redes wireless e avaliar o seu nível de segurança. Na Tabela 7.3 podemos observar o resultado da pesquisa.

Tabela 7.3 - Pesquisa worldwidewardrive 2004

Categoria	Total	%	Alteração WWD 3
Total de Ap	228.537	100	N/A
WEP Enabled	87.647	38.30	+6.04
No WEP Enabled	140.890	61.6	-6.04
Default SSID	71.805	31.4	+3.57
Default SSID and No WEP	62.859	27.5	+2.74

Observe que, segundo a pesquisa, 61,6% das redes encontradas não apresentavam nenhum tipo de proteção, o que acaba por tornar a rede da empresa vulnerável aos ataques.

Uma rede wireless aberta é vulnerável a uma série de ataques. Entre eles podemos destacar:

- Sniffing, ou seja, um usuário da rede wireless escuta o tráfego que está passando por ela.
- DoS, negação de serviço, o hacker gera interferências nas faixas de frequência da rede wireless para derrubar o serviço.
- Rogue Access Point, o hacker coloca um access point falso na rede e o usuário, por não saber, conecta-se a ele, pensando ser sua rede tradicional.
- Wardriving/Warchalking consiste em dirigir ou andar pela cidade e fazer o acesso a redes sem fio. A instalação default de placas de rede já permite acesso à rede sem fio. Quando o acesso ocorre, já estamos dentro da rede, ou seja, atrás do firewall. Muitas vezes, não precisamos estar próximos da rede invadida. Existem relatos de ataques a redes com distâncias de até oito quilômetros.

O IEEE 802.11i permite aumentar a segurança com mecanismos que melhoram a autenticação, encriptação e integridade das mensagens. Uma outra possível solução caso o IEEE 802.11i não seja suportado pelos equipamentos de rede sem fio é o estabelecimento de uma VPN entre as estações wireless e o access point usando o IP Seguro, ou IPSec. Além disso, é aconselhável ligar o access point em uma porta do firewall, permitindo monitorarmos tráfego malicioso proveniente de ataques por estações wireless.

IEEE 802.11n - alta velocidade

Está em fase final de padronização e vem atender à demanda de redes sem fio de alta velocidade para sistemas de TV de Alta Definição (HDTV). Opera nas faixas de frequência ISM (sem requerer licença de 2,4 Ghz e 5 Ghz), baseado no princípio de usar uma tecnologia conhecida como MIMO (Múltiplas Entradas e Múltiplas Saídas), ou seja, o uso de múltiplos canais simultaneamente. Essa tecnologia permite alcançarmos taxas de até 300 Mbps e com uma cobertura de até 400 metros.

A técnica de modulação é baseada no OFDM utilizando-se de múltiplos canais. Existe compatibilidade entre os sistemas baseados em IEEE 802.11n e os sistemas legados 802.11 a/b/g.

IEEE 802.11ax

O padrão 802.11ax aumenta a velocidade suportada nas frequências 2.4 Ghz, 5 Ghz e 6 Ghz, aumentando a eficiência. Este padrão foi criado pensando em locais com alta densidade de usuários, e consegue aumentar a eficiência nestes cenários em até 4x o padrão 802.11n, chegando à velocidade teórica de 11 Gbps.

A eficiência é aumentada usando-se múltiplos canais MIMO e multiplexação de frequência OFDMA.

IEEE 802.11 ac

O padrão IEEE 802.11ac faz uso de um conjunto de protocolos para transmissão de sinais wireless na banda de 5 Ghz, este padrão foi publicado em 2013 e estabelece velocidades de 1 Gbps usando até 8 canais MIMO e modulação 256-QAM.

IEEE 802.11 ad

O padrão 802.11ad trás como diferencial o uso de faixas de frequência fora do ISM (Industrial Scientific and Medical) trabalhando na faixa de 60 Ghz, foi estabelecido em dezembro de 2012. A faixa de 60Ghz também é não licenciada na maioria dos países.

Este padrão permite alcançar velocidades de até 8 Gbps mas em curtas distâncias, não superiores a 10 metros.

Este padrão ficou também conhecido como Wireless Gigabit.

IEEE 802.11 af

O padrão 802.11af, também conhecido como Super WIFI, é baseado em frequências de UHF entre 54 e 790 Mhz, este padrão foi lançado em 2014, e a idéia é transmitir em porções destas frequências não alocadas para transmissão de TV analógica e digital.

Porém a questão das frequências pode ser um limitador do uso desta tecnologia em muitos países, esta tecnologia utiliza a mesma multiplexação do 802.11ac o OFDM, porém como a frequência é mais alta acaba sendo menos susceptível a atenuação por paredes de concreto e portanto consegue um alcance superior as bandas 2.4Ghz e 5 Ghz.

As velocidades máximas alcançadas pelo 802.11af com canais de 6 e 7 Mhz é de 568.9 Mbit/s.

7.10 Internet das Coisas (IoT)

As Redes IoT, Internet das Coisas, normalmente fazem uso de tecnologias de rede sem fio uma vez que os dispositivos precisam estar conectados de uma maneira fácil e descomplicada.

Os dispositivos IOT nada mais são do que pequenos computadores ou micro computadores em sua essência que encontram-se conectados a Internet, ao Cloud, buscando facilitar ou complicar ainda mais as nossas vidas.

O termo IOT, vem da terminologia em língua inglesa de "Internet of Things", ou Internet das Coisas, este termo fica meio estranho quando traduzimos para o português, ainda mais que um micro computador na essência da palavra não considero como uma "coisa", mas sim uma máquina complexa e inteligente que implementa aplicações que podem ser extremamente avançadas.

Existem milhares de aplicações a IoT, desde carros inteligentes, casas automatizadas, marca passos e monitoração de estado de saúde, eletrodomésticos inteligentes, ou seja, isso nos dá um imenso leque e espera-se que para o ano de 2020 cerca de 30 Bilhões de dispositivos conectados.

VAMOS RECAPITULAR?

As redes sem fio são uma grande tendência tecnológica. Todos os benefícios da mobilidade, da rápida implantação da rede e da flexibilidade contribuem para que a tecnologia seja extremamente atraente para o usuário. Com o uso dos padrões IEEE 802.11a e 802.11g a 54 Mbps, já existem muitas empresas optando por implementar a rede totalmente sem fio, mudando completamente os paradigmas da rede tradicional cabeada. Espera-se que o novo padrão IEEE 802.11n suportando até 300 Mbps traga ainda mais usuários para essa tecnologia.

Como nem tudo é perfeito, o ponto segurança ainda deixa muito a desejar em redes antigas (pré-IEEE 802.11i). Elas são uma ameaça, pois ampliam o perímetro de segurança e, consequentemente, aumentam a vulnerabilidade, pois se elas não estiverem bem protegidas, um hacker pode invadi-las, usando algumas técnicas relativamente simples.

O padrão IEEE 802.11i baseado no AES chega como a solução para alcançarmos um nível seguro que permita à maior parte das corporações fazer uso dessa tecnologia.

AGORA É COM VOCÊ!

1. Qual das seguintes não é uma boa aplicação para redes sem fio?

    a. Supermercados e cadeias varejistas.

    b. Universidades.

    c. Redes temporárias.

    d. Backbone corporativo.

    e. Hospitais.

2. As tecnologias de redes sem fio foram criadas para atender às demandas específicas de cada projeto. Dentre as tecnologias apresentadas, qual não é apropriada para um ambiente que possui paredes, pelo fato de o sinal não as atravessar?

3. Qual é a diferença entre as técnicas difusa e direcional de infravermelho?

4. Associe os itens da primeira coluna com os da segunda:

    a. 802.11   ( ) Especificação de segurança para redes sem fio.

    b. 802.11a   ( ) Trabalha na frequência de 5 GHz.

    c. 802.11b   ( ) Trabalha na frequência de 2,4 GHz e 5 GHz.

    d. 802.11g   ( ) Especifica redes na velocidade de 1 a 2 Mbps.

    e. 802.11i   ( ) Utiliza OFDM na faixa de 2.4 GHz.

    f. 802.11n   ( ) Trabalha com velocidade máxima de 11 Mbps.

5. O que é o Roaming? Exemplifique.

6. Qual é a diferença entre a topologia estruturada e a ad hoc?

7. O que muda do IEEE 802.11b se comparado com o IEEE 802.11g?

8. Por que o WEP é vulnerável?

9. Quais são os principais ataques a redes sem fio?

10. Explique a reutilização de canais.

8

APLICAÇÕES EM REDE

PARA COMEÇAR

O objetivo deste capítulo é apresentar conceitos de sistemas operacionais dedicados à rede, modelo Cliente Servidor e P2P. Complementando com as principais aplicações em rede, a ideia é dar a base de alguns conceitos que utilizamos diariamente na execução de nossas aplicações.

8.1 Sistemas operacionais em rede

Nos anos de 1990, os sistemas operacionais eram voltados para operação de um único usuário em um único processo conhecido como "stand alone", portanto não previam a utilização em um ambiente de rede.

Os sistemas operacionais atuais já permitem a operação tanto "stand alone", como em um ambiente de rede. Sistemas operacionais como Windows 7/8/Server 2008 e o Linux já foram concebidos com métodos e processos para o compartilhamento dos recursos e tarefas em rede, sendo otimizados para esse fim.

Eles controlam a alocação e o uso dos recursos de hardware como memória, tempo de CPU, espaço em disco e periféricos, e coordenam a interação entre o computador e as aplicações que estão sendo executadas na máquina. As aplicações, em geral, já são desenvolvidas prevendo o sistema operacional que será utilizado, só assim elas podem explorar ao máximo os recursos dele.

8.1.1 Multitarefa

Para um sistema operacional suportar os serviços de rede, é necessário executar algoritmos complexos que demandam muitas tarefas em paralelo. Isso exige que o sistema tenha capacidade de executar várias delas ao mesmo tempo - o que chamamos de Sistema Multitarefa.

Portanto, um sistema multitarefa permite que o computador processe mais de uma tarefa por vez, executando várias tarefas de acordo com o número de processadores. Quando a quantidade de tarefas é superior que o número de processadores, deve-se dividir o tempo de processamento para cada uma das tarefas. O que permite ao computador executar diversas tarefas de uma vez.

Existem dois métodos de multitarefa preemptivo e não preemptivo (também conhecido como coorperativo).

Preemptivo

O sistema operacional tem controle total do processamento sem cooperação nenhuma da tarefa, portanto, ela pode ser interrompida a qualquer momento por uma chamada do sistema operacional.

Não preemptivo

O sistema operacional não controla a execução da tarefa. Ela mesma define quando vai utilizar o processador. Os programas escritos para ambientes não preemptivos devem incluir métodos de controle do processador. Como o programa controla todo o processador, nenhum outro programa pode rodar até que o primeiro devolva o controle para o processador.

Devido à constante interação entre o sistema operacional "stand alone" e o sistema operacional de rede, um sistema multitarefa preemptivo oferece certas vantagens. Por exemplo, quando é necessário, o sistema preemptivo pode chavear a atividade da CPU de uma tarefa local para tratar a chegada de um pacote de rede.

8.1.2 Componentes de software

Um sistema operacional de rede deve permitir o controle do funcionamento de todos os seus computadores e periféricos e prover segurança e controle de acesso aos respectivos dados e recursos. Existem dois componentes principais do software de rede: software de rede instalado na estação cliente e software de rede instalado no servidor.

Software da estação cliente

Em um sistema operacional "stand alone", quando o usuário entra com um comando, a requisição gerará a execução de uma tarefa no computador.

Em um ambiente de rede, quando o usuário inicia uma requisição, ela pode estar se referenciando a um recurso que pode estar em um servidor do outro lado da rede. A requisição é, então, enviada da máquina em que foi originada até o servidor para ser devidamente atendida.

Este processo de definição de onde a requisição será executada é realizado por uma tarefa chamada redireção, que é responsável por definir se a requisição será executada local ou remotamente.

Periféricos

A tarefa de redireção pode também redirecionar as portas paralelas ou seriais da máquina local da rede para um servidor de impressão, possibilitando a impressão em uma impressora remota. Esse tipo de recurso permite, em grande parte dos escritórios que possuem ambiente de rede, a formação de um pool (conjunto) de impressoras, compartilhado pelos usuários da rede.

Software do servidor

O software do servidor possibilita aos usuários das máquinas conectadas na rede compartilhar dados e recursos do servidor, como bases de dados centralizadas e periféricos: impressoras, plotters e discos.

8.1.3 Compartilhamento de recursos

A maior parte dos sistemas operacionais não permite apenas compartilhamento, mas definir um nível de compartilhamento de tais recursos. Esse nível de compartilhamento inclui:

- permissão a diferentes usuários, diferentes níveis de acesso aos recursos;
- coordenação do acesso aos recursos de modo que dois usuários não utilizem o mesmo recurso ao mesmo tempo.

No caso de um sistema de arquivos, dois usuários podem estar com o mesmo arquivo aberto, porém apenas um deles terá acesso para gravação desse arquivo; o outro terá o arquivo aberto apenas para operação de leitura.

8.1.4 Controle de usuários

O sistema operacional de rede permite que o respectivo administrador determine quais usuários poderão acessar os recursos dela. O administrador, na maioria dos sistemas operacionais de rede, possui uma ferramenta de administração com a qual pode:

- criar usuários na rede;
- criar privilégios para usuários da rede determinando como esses usuários poderão usá-la;
- alterar privilégios;
- remover usuários da lista de usuários.

8.1.5 Gerenciamento da rede

Os sistemas operacionais de rede contêm algumas ferramentas que possibilitam ao administrador manter o controle de todo ambiente de rede. Elas apresentam estatísticas como número de pacotes recebidos e transmitidos pelo servidor, quantidade de colisões no segmento de rede, entre outras.

Se houver uma falha na rede, a ferramenta de gerenciamento é capaz de detectar o problema e apresentá-lo ao administrador.

8.2 Modelo cliente servidor

Baseia-se em dois elementos:

- **Cliente:** estação da rede que usa recursos disponibilizados pela rede.
- **Servidor:** estação que disponibiliza recursos à rede, portanto presta serviços à rede.

Sempre que a estação cliente necessita de algum serviço ou recurso da rede, esta faz uma requisição a um servidor que disponibiliza o serviço ou recurso à estação cliente. As aplicações baseadas em ambiente cliente servidor são em geral divididas em dois grupos:

- **Aplicação servidora:** é o componente da aplicação mais complexo executado no servidor. Em geral, essa aplicação é responsável pela quase totalidade do próprio processamento de dados. Por exemplo, em um sistema de banco de dados, a aplicação servidora executa toda a transação e formata a resposta, ou seja, os dados formatados.
- **Aplicação cliente:** é o componente mais simples, ou seja, o que tem menor processamento. Ele roda na estação cliente. Esse pedaço da aplicação é responsável pela recepção dos dados processados no servidor, formatação e apresentação para o usuário da aplicação. Em geral, para o desenvolvimento dessas aplicações gráficas, utilizamos ferramentas como o PHP ou Delphi.

8.2.1 A arquitetura cliente servidor e o banco de dados

No modelo cliente servidor, a aplicação cliente pode utilizar o SQL (Structured Query Language) para realizar uma requisição de dados em uma base de dados localizada no servidor.

O SQL é uma linguagem muito simples e fácil de manipular, foi desenvolvida pela IBM e é muito próxima do inglês puro. Em seguida, temos um exemplo de uma query em SQL, na qual selecionamos todas as árvores da coluna árvores da base vegetal cuja condição de fruto = maça foi atendida.

```
select ÁRVORES
    from VEGETAL
        where ÁRVORES. fruto = maça
```

Quando pensamos no conceito de manipulação de dados, estamos relacionando três operações básicas:

- inclusão de dados;
- exclusão de dados;
- alteração dos dados.

Quando um usuário deseja consultar o banco de dados, ele gera uma query (solicitação) que será, então, encaminhada ao servidor para ser executada. Os passos desse processo são os seguintes:

- O cliente requisita os dados.
- A requisição é implementada em SQL pela estação cliente.
- A requisição em SQL é transportada ao longo da rede até o servidor.
- O servidor executa a requisição, buscando os dados em sua base local ou onde estiver.
- A resposta à requisição (tabelas) é enviada de volta à estação que solicitou.

Os dados são formatados e apresentados ao usuário. O cliente é, portanto, responsável por:

- fornecer a interface ao usuário;
- formatar os dados em SQL para gerar a requisição;
- apresentar os dados recebidos do servidor.

As aplicações que servem para esse papel são chamadas de Front End e têm:

- **Gerador de Query:** contém um conjunto de queries predefinidas, além de geradores de relatórios para os dados recebidos do servidor.
- **Integração com Office Automation:** atualmente alguns aplicativos de Office Automation já contam com SQL internos que permitem a troca de dados com a aplicação Server. Um exemplo é o Access.
- **Ferramentas de desenvolvimento:** algumas aplicações são ferramentas de desenvolvimento, que auxiliam a interface com o usuário. Exemplos: o PHP e o Delphi.

8.2.2 O servidor de banco de dados

É responsável por armazenar e gerenciar os dados. Ele recebe as requisições dos clientes em SQL, processa-as e envia de volta os resultados. O processamento, portanto, é de busca, organização e extração dos dados e envio para a estação que os solicitou.

Stores procedures

São rotinas simplesmente armazenadas no servidor que podem ser utilizadas pelo cliente. As stores procedures permitem:

- Executar no servidor processos que normalmente seriam executados nos clientes.
- Reduzir o tráfego na rede, pois uma simples chamada de um cliente pode dar início à execução de uma série de stores procedures, o que anteriormente necessitaria de várias requisições.
- Disponibilizar mecanismos de segurança, possibilitando que apenas usuários autorizados acessem os procedimentos.

Além disso, são também reutilizáveis, pois vários clientes podem utilizar uma stores procedure. Veja a Figura 8.1.

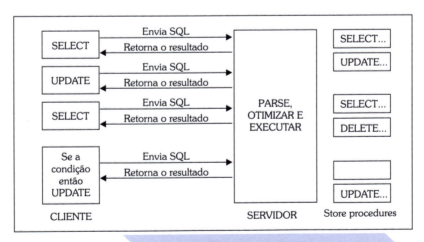

Figura 8.1 - Funcionamento da store procedure.

APLICAÇÕES EM REDE 139

Onde está o servidor?

O servidor de banco de dados pode estar nos seguintes lugares:

- **Localmente:** portanto, o acesso aos dados é feito localmente, na mesma rede.
- **Remoto:** em uma configuração com redes de longa distância (WAN) em que o servidor está em outra localidade/cidade (Figura 8.2).

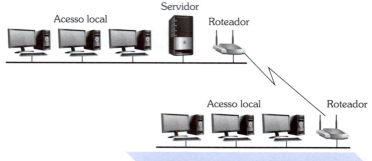

Figura 8.2 - Tipos de acesso ao servidor.

8.2.3 Mecanismo de comunicação cliente - servidor

Quando consideramos a comunicação entre dois usuários da rede, quase sempre associamos uma sessão simétrica, ou seja, que a troca de informações entre os usuários é recíproca.

Imaginemos uma rede com vários clientes (estações) acessando um servidor de arquivos.

Em uma rede desse tipo, clientes acessam esses dados enviando requisições para o servidor cujo trabalho é enviá-los de volta. As comunicações têm o tipo requisição-resposta sempre iniciadas pelo cliente, nunca pelo servidor. Esse é o conceito básico de uma arquitetura cliente-servidor (Figura 8.3).

Figura 8.3 - Troca de informações cliente servidor.

É possível estabelecer sessões entre clientes e servidores e, então, usar comunicações half-duplex com elas. O alto processamento causado por múltiplas camadas de conexões, ou seja, vários clientes acessando um servidor, é um dos problemas dessas aplicações, visto que é crítica a performance nos servidores de arquivos. A troca de informações por datagramas sem conexão (UDP) mostra-se uma opção muito melhor.

Se o problema da performance pode ser solucionado usando o modo sem conexão, um problema maior ainda persiste: toda base de dados só é acessada via operações de tratamento de I/O. Um programa pode se comunicar com outro usando comandos do tipo X-DATA-request e X-DATA-indication, a forma que o software trata a chegada desses comandos por mecanismos de interrupção.

Uma forma de realizar a comunicação entre duas máquinas, usando arquitetura cliente servidor, é utilizar os conceitos de REMOTE PROCEDURE CALL, que veremos com mais detalhes adiante.

O cliente envia uma mensagem para o servidor e recebe uma resposta (como uma chamada de um procedimento que tem resultado). Em ambos os casos, o requisitor inicializa uma ação e aguarda até que os resultados estejam disponíveis.

Na verdade, as chamadas de RPC só ocorrem quando dois programas, que não estão na mesma máquina, desejam se comunicar. Para facilitar a programação, o RPC possui linguagem de programação que permite executar processos em máquinas remotas. Por exemplo, para cada servidor de arquivos, um procedimento de read que pode ser chamado com três parâmetros:

- um identificando em que o arquivo deve ser lido;
- um buffer para armazenar os dados;
- número de bytes a ser lido.

READ (fileid, buffer, count)

Esse procedimento envia uma mensagem ao servidor de arquivos e aguarda resposta. Apenas após a chegada da resposta, o controle de leitura é devolvido ao requisitor.

A vantagem desse esquema é que a arquitetura cliente servidor agora pode ser implementada por chamadas de procedimentos em vez de interrupção para realizar uma chamada de rede. Todos os detalhes de como a rede trabalha podem ser escondidos do programa de aplicação, inserindo procedimentos de read, chamados stubs.

Remote procedure call

Os procedimentos de chamada remota constituem mecanismos implementados por um conjunto de funções que possibilita o desenvolvimento de aplicações do tipo cliente-servidor, com um nível de abstração mais alto que no caso de utilização do TCP ou UDP (Pacote sem Conexão).

A aplicação cliente define procedimentos remotos de forma que o compilador incorpore neles os códigos do RPC. A aplicação servidora implementa os procedimentos necessários e usa outras facilidades do RPC para declará-los como parte do servidor.

O princípio básico de funcionamento consiste na chamada de procedimentos remotos pela aplicação cliente, em que o RPC, de forma automática, obtém os valores dos argumentos da chamada, monta a mensagem correspondente e a envia ao servidor remoto, aguardando resposta e armazenando, por fim, os valores retornados nos argumentos definidos na chamada (Figura 8.4).

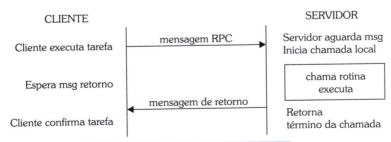

Figura 8.4 - Funcionamento do RPC.

Em síntese, o conceito do uso de RPC é semelhante ao conceito de chamadas de funções locais comumente encontradas nas aplicações, apenas diferindo no fato de as funções reais a serem executadas residirem em um local remoto da rede.

Atualmente, quase a totalidade dos softwares de mercado é baseada no modelo cliente-servidor, justamente por explorar o processamento distribuído no cliente e no servidor. Entre os softwares de mercado, podemos destacar: ambientes integrados, como o SAP; bancos de dados distribuídos, como Oracle, Sybase, Progress, HP Vertica ou IBM Informix.

O ambiente cliente-servidor permite afirmar que o computador é a rede, pois as aplicações podem fazer uso das várias estações/recursos de forma a distribuir o processamento por várias estações da rede.

8.2.4 Vantagens do modelo cliente-servidor

As principais vantagens do modelo servidor são:

- permitir o processamento distribuído;
- com o uso de stored procedures, permite diminuir o tráfego na rede;
- economizar recursos nas estações clientes, visto que a maior parte do processamento é direcionada para o servido; com isso, as estações clientes têm recurso para rodar outras aplicações;
- centralizar os dados de modo a aumentar o grau de segurança deles.

8.3 Modelo P2P (Peer to Peer)

O modelo Peer-to-Peer é uma quebra de paradigma, uma vez que os dispositivos não estão mais orientados a requisições e a um determinado servidor. Na rede Peer-to-Peer, cada nó pode trocar informações diretamente com outro nó da rede, o processamento pode ser 100% distribuído. Este tipo de computação distribuída é também conhecido como computação em Grid.

No P2P, não existe um ponto central de coordenação e muito menos uma base de dados central, isso impede que existam gargalos ou pontos únicos de falha, outro ponto interessante é que nenhum dos peers ou participante da rede possui uma visão global do sistema.

Os peers são autônomos e podem acessar qualquer outro peer; nesta configuração, existem preocupações muito grandes quanto à segurança. Na verdade, cada um dos elementos da rede P2P acaba trabalhando como cliente e servidor ao mesmo tempo.

A maioria das redes P2P, hoje, é utilizada para compartilhamento de arquivos. Uma das primeiras redes foi o NAPSTER, usado para o compartilhamento de músicas. Na Figura 8.5, podemos observar hosts de uma rede P2P localizados em diferentes países.

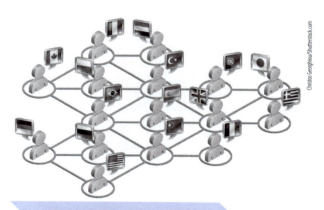

Figura 8.5 - Hosts de uma rede P2P.

8.4 Aplicações e protocolos

Na camada de aplicação, possuímos detalhes específicos de cada aplicação em particular. As principais aplicações TCP/IP são: Telnet; http; FTP; TFTP; DNS; SNMP; SMTP. A Figura 8.6 apresenta a lista dos protocolos TCP/IP, incluindo os protocolos de aplicação. É importante notar, na Figura 8.6, que existem protocolos de aplicação que trabalham com o TCP e outros com o UDP.

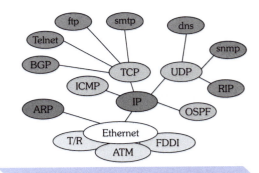

Figura 8.6 - Família de Protocolos do TCP/IP.

8.4.1 FTP (File Transfer Protocol)

O FTP é um protocolo da família TCP/IP capaz de transferir, renomear e remover arquivos e diretórios entre dois sistemas. Para isso, o FTP baseia-se no estabelecimento de duas conexões: uma de controle e outra de dados, ambas sobre o TCP, o que garante a confiabilidade na transmissão.

A segurança no acesso é garantida e os usuários necessitam ser logados e autorizados para acessar os arquivos FTP. O FTP trabalha no modo texto ASCII e no modo binário. Toda vez que um arquivo executável é transportado no FTP, ele deve estar configurado em modo binário.

O FTP trabalha sobre o TCP nas portas 20 e 21.

8.4.2 TFTP (Trivial File Transfer Protocol)

Também é utilizado para a transferência de arquivos, porém de forma muito mais simplificada, que o FTP.

O TFTP é baseado no uso do UDP, e não do TCP. Esse protocolo não possui controle de acesso aos arquivos como o FTP. Outra característica é que não permite o splitting de conexões, ou seja, múltiplas conexões entre os dois pontos, o que simplifica a implementação e torna-o mais rápido.

Como esse protocolo não trabalha sobre o TCP, existe um controle a mais de sinalização implementado. Trata-se de uma mensagem de reconhecimento enviada quando o pacote é recebido com sucesso, autorizando que o emissor envie o próximo pacote; caso a mensagem não seja recebida, o pacote é retransmitido.

O TFTP trabalha sobre o UDP na porta 69.

8.4.3 NFS (Network File System)

Protocolo introduzido pela SUN MicroSystems, e é um mecanismo que permite o acesso a arquivos localizados remotamente on-line, como estivessem localmente na máquina.

Para isso, o protocolo implementa mecanismos como o RPC (Remote Procedure Call), possibilitando a interoperabilidade mesmo com sistemas de diferentes arquiteturas. O NFS trabalha sobre o UDP, por isso executa métodos de verificação de erros que não são suportados pelo UDP.

As funções básicas do NFS são as seguintes:

- leitura, criação, deleção, gravação e renomeação dos arquivos;
- leitura, criação, deleção, gravação e renomeação de diretórios;
- leitura e modificação de atributos dos arquivos.

8.4.4 Telnet

O Telnet é o protocolo da família TCP/IP que permite a um usuário acessar um sistema remoto como se fosse um terminal remoto da estação. O Telnet trabalha sobre uma conexão TCP.

Cada tecla digitada no terminal remoto é enviada por um pacote IP que, ao chegar à máquina servidora, gera um novo pacote de ECO que é enviado de volta e, quando recebido, o ECO aparece na tela do terminal.

O Telnet trabalha sobre o TCP na porta 23.

8.4.5 SNMP (Simple Network Management Protocol)

Utilizado na troca de informações de gerenciamento entre a plataforma de gerenciamento e o elemento a ser gerenciado. Essas informações estão armazenadas em uma base de dados também chamada de MIB (Management Information Base).

As operações que o protocolo SNMP executa incluem ler informações de uma MIB, armazenar a informação, além de receber uma mensagem especial chamada Trap que é enviada quando ocorre alguma exceção no sistema ou alarme.

As mensagens do SNMP são também baseadas no UDP.

O SNMP trabalha sobre o UDP na porta 161 e a estação de gerência sobre o TCP, na porta 162.

8.4.6 Correio eletrônico e o SMTP (Simple Mail Transfer Protocol)

Utilizado pelos serviços de correio eletrônico na Internet. O sistema é baseado em um mecanismo de caixas postais eletrônicas, pelas quais mensagens são enviadas e recebidas. O processo de troca de mensagens entre as caixas postais pode ocorrer em tempo real, caso os dois servidores estejam diretamente conectados à Internet e disponíveis ou escalonados.

Todo o mecanismo de envio de e-mail é relativamente simples. O usuário, mediante software cliente de e-mail, conecta-se ao servidor de e-mail e envia uma mensagem a um usuário destino. A mensagem é, então, transferida para caixa postal de saída desse usuário. O servidor, quando vai realizar as transmissões de e-mail, consulta as caixas postais de saída. Como há uma mensagem a ser enviada, ele retira a mensagem da caixa postal de saída, busca através do domínio o endereço do servidor e-mail destino, mediante uma chamada de DNS e, a partir daí, realiza uma conexão com o servidor destino, enviando a mensagem.

O servidor destino recebe a mensagem, verifica se o usuário existe e encaminha a mensagem para o endereço da caixa postal de entrada do usuário destino da mensagem. Caso o usuário não exista, ou mesmo o e-mail seja bloqueado, uma mensagem de returned mail é encaminhada de volta à caixa postal de entrada do usuário que enviou a mensagem.

A leitura da mensagem é feita pelo usuário destino quando o cliente de e-mail do destino conecta-se ao servidor de e-mail, este, por sua vez, notifica a chegada do e-mail e o cliente de e-mail, então, baixa as mensagens para serem lidas, esvaziando, assim, a caixa de entrada.

Uma mensagem SMTP tem cabeçalho e corpo com as seguintes informações:

- endereço origem;
- endereço destino;
- assunto;
- opções bcc (blind copy) e cc.

Corpo da mensagem: não possui padronização definida.

Os principais comandos do SMTP definidos no protocolo são:

- **HELLO:** identifica a origem e o destino;
- **MAIL:** inicia a transação de envio de correio;
- **RECIPIENT (RCPT):** identifica o destinatário de uma mensagem;
- **DATA:** consiste das informações do corpo da mensagem;
- **SEND:** inicia a transação na qual a mensagem é enviada;
- **RESET (RST):** aborta a transação corrente;
- **VERIFY (VRFY):** solicita ao destinatário a configuração do argumento que identifica o usuário;
- **EXPAND (EXPN):** identifica a lista de caixas postais, grupos, etc.;
- **QUIT:** interrompe a transação.

O SMTP trabalha sobre o TCP na porta 25.

Exemplo de aplicação: o Microsoft Outlook.

8.4.7 Hypertext Transfer Protocol (HTTP)

Conjunto de regras para troca de arquivos de texto, imagens gráficas, sons, vídeos e outros arquivos multimídia na WEB.

A ideia geral do HTTP, um protocolo de aplicação da família TCP/IP, é que arquivos que contenham referências a outros arquivos possam ser acessados com um único clique. Cada servidor WEB tem, além de outros arquivos, um HTTP daemon, ou seja, um programa desenhado e escrito para aguardar requisições e tratá-las quando as receber.

O web browser (navegador para Internet) é um cliente HTTP que envia requisições para outros servidores. Quando o usuário do browser faz a requisição de um arquivo abrindo o arquivo web ou clicando em um link de hipertexto, o browser cria uma requisição e envia para o IP indicado na URL.

O deamon HTTP na máquina destino recebe e trata a requisição, e, depois do processamento, o arquivo requisitado é enviado de volta.

Na versão 1.1 do HTTP, as páginas serão carregadas mais rapidamente no browser, além de reduzir o enorme tráfego gerado pela web.

Em vez de a todo instante abrir e fechar uma conexão para cada requisição de aplicação, o HTTP 1.1 disponibiliza uma conexão permanente que permite múltiplas requisições. Uma vantagem percebida neste recurso é quando baixamos um arquivo com o HTTP que, com a versão 1.1, fica muito mais rápido.

O HTTP 1.1 trabalha com o conceito de compressão. Assim, tanto o servidor como o browser podem comprimir as páginas na transmissão, reduzindo substancialmente o tráfego gerado. Vale lembrar que este recurso é eficiente apenas para textos, visto que os arquivos de figuras já se encontram comprimidos.

O HTTP 1.1 tem ainda habilidade de suportar múltiplos domínios em um único endereço IP, o que facilita aos provedores de serviço fornecerem o serviço de virtual hosting.

A versão 2.0 do HTTP encontra-se em fase de padronização pelo IETF e é uma evolução da versão 1.1 lançada em 1999, o que se espera dessa nova versão é o aumento de performance mantendo a compatibilidade com a versão HTTP 1.1. Para aumento da performance, o HTTP 2.0 deverá explorar mais o uso de multiplexação de sessões e compressão de header (cabeçalho).

O HTTP trabalha sobre o TCP na porta 80.

A Figura 8.7 apresenta uma tela de uma página web que utiliza HTTP para apresentação de textos, gráficos e sons.

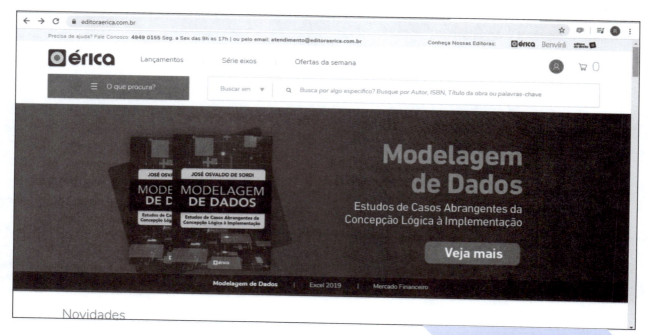

Figura 8.7 - Página em HTML.

AMPLIE SEUS CONHECIMENTOS

Entre 1995 e 1999, houve uma batalha entre a Netscape com a Microsoft, que foi a empresa que lançou comercialmente o navegador internet.

A Netscape foi uma das empresas que mais cresceu na história da Internet. Porém, a Microsoft se aproveitou de sua grande fatia de mercado nos sistemas operacionais e lançou o Windows 95 e o Internet Explorer. O aplicativo era fornecido gratuitamente para quem já possuía a licença do sistema operacional e, embora o Internet Explorer não tivesse na primeira versão os mesmos recursos, ele acabou quebrando a Netscape por ser gratuito. Isso gerou um dos maiores processos que a Microsoft teve que responder na sua história, porém podemos considerar que foi vitoriosa, hoje menos de 1% dos usuários da Internet usam o Netscape.

Saiba mais sobre Netscape em: <https://bit.ly/38LctQy> e sobre Microsoft em: <https://www.microsoft.com/pt-br>. Acessos em: 16 dez. 2019.

8.4.8 Domain Name System (DNS)

Mecanismo no qual nomes de domínios da Internet são localizados e traduzidos para endereços IP. O nome do domínio é uma forma mais fácil de lembrar do que o endereço Internet.

Devido à impossibilidade de manter uma lista central de todas as relações entre o nome do domínio e o endereço IP correspondente, faz se necessário criarmos várias listas e distribuí-las pela Internet em vários servidores de nomes (DNS), seguindo uma hierarquia.

Em geral, existe um servidor de DNS próximo ao provedor de serviço, ou seja, cada provedor de serviço possui o próprio DNS.

Os servidores de nome formam uma árvore, segundo uma hierarquia institucional. Os nomes adotados seguem um padrão. Um exemplo: o nome São Paulo.Brasil.Felipe.com.br. Para encontrar seu endereço Internet, pode ser necessário o acesso a até quatro servidores de nomes. Inicialmente, deve ser consultado um servidor raiz, para descobrir onde está o servidor "br", o responsável pela gerência dos nomes das instituições brasileiras ligadas à Internet.

Na Figura 8.8, podemos observar a hierarquia em árvore do DNS.

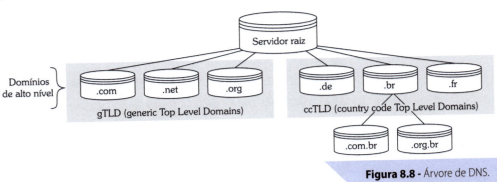

Figura 8.8 - Árvore de DNS.

APLICAÇÕES EM REDE 147

O servidor raiz informa como resultado da consulta o endereço IP de vários servidores de nome para o nível.com - instituições comerciais (existem, na verdade, vários servidores .com para garantir redundância no caso de falha de um deles). Um servidor do nível .com. é consultado, devolvendo o endereço IP do servidor Felipe. De posse deste, é possível solicitar que ele informe o endereço de um servidor "Brasil", quando, finalmente, pode-se consultar o servidor "Brasil" sobre o endereço da máquina "São Paulo".

O nome completo "São Paulo. Brasil. Felipe.com.br" é um domínio. Na maioria dos casos, não se faz necessário consultar todos os domínios de um nome para encontrar o endereço correspondente, em razão de os servidores de nome, em boa parte, terem informações sobre mais de um nível de domínio, o que elimina uma ou mais consultas. Além disso, as aplicações normalmente têm acesso ao DNS mediante um processo local (servidor para as aplicações e um cliente DNS), que pode ser implementado de modo a possuir um cache que armazena os últimos acessos realizados, resolvendo, assim, a consulta em termos locais.

Esse mecanismo de acesso local otimiza a tarefa das aplicações quanto ao mapeamento de nomes em endereços, eliminando a necessidade de implementar, em todas as aplicações que fazem uso do DNS, o algoritmo de encaminhamento na árvore de domínios descrito anteriormente.

Apenas como curiosidade, existem 13 servidores DNS raiz localizados principalmente nos Estados Unidos. Para maiores informações consulte o site www.icann.org.

O DNS trabalha sobre o protocolo UDP na porta 53.

FIQUE DE OLHO!

Você sabia como funcionava a ARPANET (primórdios da Internet) nos anos 1970? Naquela época, ainda não existia o serviço de DNS como existe hoje, assim cada uma das estações precisava ter uma tabela dos hosts com os quais se comunicariam. Atualizar essas tabelas locais nas estações começou a ficar impraticável à medida que a rede crescia. O primeiro servidor DNS nasceu nos Estados Unidos em 1983, na Universidade da Califórnia em Irvine. Paul Mockapetris desenhou e implementou o primeiro serviço de DNS, O IETF (The Internet Engineering Task Force), e publicou a especificação original de Paul na RFC 882 e RFC 883 em novembro de 1983.

8.4.9 Dynamic Host Configuration Protocol (DHCP)

Um dos últimos protocolos incorporados à família TCP/IP e foi desenvolvido pela Microsoft em conjunto com outros fabricantes de soluções TCP/IP. Esse protocolo resolve um dos mais antigos e complicados problemas de uma rede TCP/IP: a administração.

Quando realizamos um processo de criação de sub-redes nas redes TCP/IP, uma série de números e parâmetros têm de ser os mesmos entre todas as máquinas para que a comunicação possa ocorrer.

Esses parâmetros são:

▸ Endereço IP compatível e endereço da máscara da sub-rede (subnet mask).
▸ Nome do host e domínio.
▸ Endereço do roteador mais adjacente ou "Default Gateway".

- Endereços dos servidores DNS.
- Endereços dos servidores WINS.

Junto com essas informações de configuração, ainda são negociados pelo DHCP alguns parâmetros específicos do TCP/IP e do NetBIOS, como: MTU; parâmetros do quadro TCP; e dos tipos de nós NetBIOS.

Assim, as máquinas conectadas à rede podem se beneficiar de um registro centralizado e da alocação de endereços IP. A Internet tem alguns outros protocolos para esse propósito, como o BOOTP, mas apenas o DHCP realmente facilita a tarefa.

A administração do servidor DHCP é muito simples. É necessário apenas instalar o DHCP em um dos servidores NT na rede e especificar os parâmetros globais de configuração que serão usados por todos os hosts. Nas estações, só é necessário configurar que os endereços IP serão definidos pelo servidor DHCP.

Um exemplo de como o DHCP facilita a administração da rede: se fôssemos configurar manualmente a mudança de endereços IP em 30 máquinas, o processo de mudança e boot levaria com certeza pelo menos três minutos por máquina, ou 90 minutos no total. Com um servidor DHCP bastaria alterar os endereços na configuração do servidor DHCP, e, quando as máquinas fossem novamente religadas, já receberiam o novo IP destinado a elas automaticamente.

Computadores como servidores de nomes DNS, servidores de e-mail e de HTTP requerem endereços fixos reservados para eles, no DHCP. Existe ainda a possibilidade de definir endereços IP fixos para as máquinas baseados nos endereços MAC das interfaces, assim, mesmo com o DHCP, é possível trabalhar com endereços fixos para estações.

A configuração das máquinas torna-se, dessa forma, mais flexível, requerendo menos tempo para reconfigurar, sendo, portanto, uma solução muito mais simples e rápida.

O DHCP trabalha com UDP na porta 67.

VAMOS RECAPITULAR?

Neste capítulo, compreendemos conceitos de sistemas operacionais em redes, a arquitetura cliente-servidor e os elementos da rede P2P; concluindo o capítulo, detalhamos algumas aplicações fundamentais de rede como o HTTP, o correio eletrônico e o DNS.

AGORA É COM VOCÊ!

1. O protocolo utilizado para transferência de arquivos na Internet é o:
   a. FTP - File Transfer Protocol.
   b. e-mail - Eletronic Mail.
   c. Telnet.
   d. SMTP - Simple Mail Transfer Protocol.
   e. HDMI.

2. Por que o DNS utiliza um modelo hierárquico?

3. A respeito da arquitetura cliente servidor, podemos dizer que ela:
    a. é um modelo que explora o processamento apenas no cliente.
    b. é um modelo que explora o processamento apenas no servidor.
    c. é um modelo que explora o processamento tanto no cliente como no servidor, sendo mais complexo no servidor.
    d. não necessita dos serviços da rede.

4. Qual é o mecanismo de comunicação mais usado no modelo cliente-servidor?
    a. Socket.
    b. Interrupção.
    c. RPC.
    d. Fila de mensagens.
    e. DoS.

5. O SQL no modelo C/S é usado para:
    a. Acessar a base de dados no servidor.
    b. Permitir a impressão dos dados.
    c. Consultas, inclusões e exclusões na base de dados local.
    d. Linguagem de desenvolvimento de interfaces gráficas.
    e. Conectar diversos computadores em uma única rede.

6. Qual é a versão atualmente utilizada do HTTP?
    a. 1.0
    b. 3.0
    c. 2.0
    d. 1.1
    e. 2.3

7. Quantos são os servidores raiz do serviço de DNS?
    a. 10
    b. 8
    c. 13
    d. 4
    e. 123

8. Qual é a porta utilizada pela aplicação de correio eletrônico?
    a. 112
    b. 53
    c. 25
    d. 23
    e. 21

9. Qual é a diferença do TFTP para o FTP?
    a. O FTP trabalha com UDP.
    b. O TFTP é confiável.
    c. O TFTP não exige autenticação do usuário.
    d. O FTP trabalha com TCP na porta 22.
    e. O TFTP e o FTP são a mesma coisa.

9

SISTEMAS EM CLOUD (NUVEM)

PARA COMEÇAR

Neste capítulo, vamos detalhar a arquitetura em Cloud, e como funciona esta nova tecnologia que está cada dia mais presente nas nossas vidas e no nosso trabalho.

9.1 Conceitos de arquitetura

Sistemas em Cloud ou, o termo mais genérico, computação em nuvem, corresponde a uma arquitetura de computação que utiliza a rede, neste caso a Internet para disponibilizar sistemas e aplicações que trabalham de forma integrada.

Na Figura 9.1 podemos ver uma abstração do que é um sistema em nuvem com tudo conectado a nuvem.

Figura 9.1 - Sistemas em Cloud.

151

Esta mistura de infraestrutura de sistemas operacionais, aplicações, infraestrutura de rede e hardware é conhecida como plataforma. Estas plataformas escondem a complexidade e os detalhes da infra aos usuários, que normalmente possuem uma interface gráfica amigável ou acessam a plataforma via API.

Normalmente, uma oferta de nuvem não inclui apenas a infraestrutura como também serviços incorporados, o que facilita o trabalho das equipes de TI das empresas, algumas atividades diárias como backups, manutenções, atualizações de sistemas podem estar incorporadas aos serviços em nuvem contratados pelas empresas.

Alguns princípios de Cloud dependem que as empresas aceitem e adotem um novo paradigma, este paradigma implica em uma relação forte de confiança, uma vez que as aplicações, serviços e principalmente os dados desta empresa estarão hospedados remotamente. Ainda existe no Brasil, algumas empresas que possuem restrição ao uso de sistemas em Cloud, em especial devido a informação mais preciosa, ou seja, seus dados estarem hospedadas em um terceiro.

Uma das grandes vantagens deste modelo é que os serviços e os dados podem ser acessados de qualquer lugar, ou seja, não existe a necessidade de uma VPN ou estar conectado diretamente a rede da empresa para ter acesso a estes dados. A ideia é prover tudo como um serviço que o usuário paga de acordo com o uso, é o mesmo conceito que temos quando pagamos a conta de água ou de luz, pagamos de acordo com o que é fornecido.

Outro detalhe importante é que o usuário da Cloud não tem visibilidade sobre os detalhes da infraestrutura que está por detrás do Cloud, ele tem acesso apenas a uma interface ou API, a infraestrutura acaba sendo flexível, ou seja, antes quando tudo ficava local na empresa, se necessitávamos de mais espaço de armazenamento no Storage tínhamos que comprar, o mesmo para memória nas máquinas, e muitas vezes éramos obrigados a atualizar o hardware dos servidores devido a sua obsolescência, no entanto, isto não ocorre mais no novo conceito de Cloud.

A infraestrutura é elástica, ou seja, a capacidade de processamento, armazenamento e memória pode escalar para mais ou para menos de acordo com a necessidade do usuário, isto é uma vantagem, porque a capacidade pode crescer de forma infinita, tudo depende de quanto o cliente tenha de orçamento para pagar e as suas necessidades.

O princípio é que o Cloud seja completamente transparente para usuários e aplicações, as máquinas que estão no Cloud podem usar sistemas operacionais proprietários, como Windows, ou Open Source, como Linux.

A partir do momento que o usuário provisiona uma máquina ele deve instalar suas aplicações nela, mas toda a infraestrutura, inclusive os sistemas de bases de dados podem ser fornecidos pela infraestrutura em Cloud.

O grande benefício dos sistemas em Cloud é que são transparentes aos usuários e aplicações, é possível instalar qualquer aplicação, em sistemas Windows e Linux, normalmente os sistemas em Cloud executam em uma infraestrutura virtualizada no Cloud, assim o cliente contrata máquinas virtuais nesta infraestrutura.

9.2 Nuvens privadas

Uma nuvem privada é uma infraestrutura em nuvem dedicada a um único cliente, portanto, todos os equipamentos e infraestrutura não são compartilhados, é uma estratégia para ter mais controle sobre seus dados com um custo menor que montar sua própria infra em um datacenter.

- a. Vantagens de uma nuvem privada:
    - ▸ **Segurança**: normalmente uma nuvem privada é mais segura e tem menos riscos, além disso não apresenta lentidões e problemas de performance observados em infraestruturas compartilhadas.
    - ▸ **Personalização**: as aplicações podem ser customizadas e personalizadas para atender demandas específicas da empresa.
    - ▸ **Capacidade elástica**: como outros sistemas em nuvem a privada também permite termos uma demanda elástica de armazenamento, banda e capacidade de processamento.
- b. Desvantagens de uma nuvem privada:
    - ▸ A redução de custos é nula ou muito baixa, uma vez que é necessário manter todo o pessoal para administrar e fazer manutenção como em datacenters tradicionais.
    - ▸ O gerenciamento da solução é compartilhado entre o provedor e o cliente, o que gera um esforço grande e torna os sistemas de nuvem privada mais caros que um sistema público.

A Figura 9.2 representa a segurança da nuvem privada.

Figura 9.2 - Nuvem privada segura.

9.3 Nuvens públicas

A infraestrutura de nuvens públicas não é dedicada, como uma maneira de otimizar custos, e tudo é gerenciado e mantido pelo provedor em nuvem, é um modelo em que o cliente paga apenas pelo uso e possui todos os benefícios de redução de custos operacionais, como funcionários ou custos de capital com o investimento na infraestrutura. Durante este capítulo, focaremos em nuvens públicas e os conceitos relacionados a esta arquitetura.

Existem algumas siglas relacionadas aos serviços em Cloud:

- **SaaS**: do termo em inglês *Software as a Service*, ou seja, software como serviço, é uma modalidade em que a aplicação está hospedada em um provedor de serviço no Cloud e o serviço é fornecido pela Internet, o cliente que compra esta modalidade não precisa se preocupar com a manutenção e suporte da infraestrutura, software e atualizações, tudo vem incorporado ao serviço contratado;
- **PaaS**: do termo em inglês *Plataform as a Service*, ou seja, plataforma como serviço, a ideia é permitir que usuários desenvolvam, executem e gerenciem suas aplicações sem se preocupar diretamente com a manutenção ou criação de toda a infraestrutura necessária para o desenvolvimento da aplicação, neste caso incorpora-se infraestrutura de hardware e de software necessárias para as mesmas;
- **IaaS**: do termo em inglês *Infrastructure as a Service*, ou seja, infraestrutura como serviço, normalmente neste modelo o fornecedor disponibiliza toda a infraestrutura para que o cliente possa subir seus servidores, neste caso o cliente é que instala e mantém as suas aplicações.

AMPLIE SEUS CONHECIMENTOS

Você sabe o que é shadow IT?

Muitas empresas possuem restrições internas a sistemas em nuvem, porém os usuários acabam instalando aplicações nas suas máquinas sem o conhecimento do time de Tecnologia da Informação que muitas vezes são aplicações em nuvem. É muito comum encontrar empresas que possuem uma grande restrição a sistemas em nuvem, mas que, na verdade, possuem dezenas de aplicações utilizadas internamente que já utilizam a nuvem, sem que os administradores assim saibam.

Saiba mais em: <https://bit.ly/2RZ69z4>. Acesso em: 16 dez. 2019.

9.4 Ambientes virtuais

A ideia é possuir uma infraestrutura de máquinas virtuais na nuvem na qual pode ser parametrizada da mesma maneira que uma máquina virtual local, selecionando o tipo de CPU, capacidade de memória, interfaces de redes, além da configuração de sistema operacional e eventuais sistemas adicionais já pré-instalados, como sistemas de bases de dados. As principais vantagens de utilizarmos máquinas virtuais são:

- permitir facilidade de backup e restaurar a máquina a um ponto específico;
- facilidade de criação de novas máquinas virtuais;
- é possível otimizar melhor os recursos de hardware, uma vez que o mesmo pode ser compartilhado por várias máquinas virtuais simultaneamente;
- é possível criar máquinas virtuais com sistemas operacionais que o hardware normalmente não suportaria;
- com o uso de virtualização é possível se reduzir sensivelmente paradas no sistema, permitindo a criação de uma estratégia inclusive de recuperação de desastres, com duas ou mais máquinas atuando

em modelo standby, ou seja, uma fica parada esperando a máquina principal falhar para entrar em operação;

▸ além disso um ambiente de virtualização facilita o gerenciamento integrado das máquinas uma vez que existem softwares de gestão deste ambiente.

9.5 Principais benefícios da arquitetura em Cloud

Como visto anteriormente, a arquitetura em Cloud nos permite criar uma infraestrutura independente, usando o conceito de pague o quanto usa, isto permite transformar investimento de capital que normalmente eram utilizados para a compra e investimentos de infraestrutura, para capital operacional, ou seja, pagamos mensalmente a quantidade de serviços e recursos como de armazenamento à medida que os utilizamos.

A arquitetura em Cloud quebra alguns paradigmas, na infraestrutura tradicional o cliente normalmente investe muito dinheiro em manter uma infra de datacenter, com sistemas de energia, ar-condicionado, controle de acesso, todo investimento em equipamentos, cabeamento estruturado, racks, energia elétrica, sistemas operacionais etc. No paradigma do Cloud, a infraestrutura, na maior parte dos casos, se torna desnecessária uma vez que os servidores não ficam mais localizados na empresa, mas sim no ambiente em Cloud.

No final do dia, quando se calcula todo o custo, concluímos que o capital gasto com o investimento no Cloud fica mais econômico.

Outro fator muito interessante para as empresas é a capacidade elástica, uma vez que podemos ajustar a infraestrutura a necessidades específicas que a empresa possua, por exemplo no final do ano a empresa tem o maior fluxo de negócios e, portanto, precisa de maior capacidade computacional e de infraestrutura como um todo, ela pode simplesmente ampliar a capacidade do Cloud durante estes meses de picos de utilização e após o final do ano em janeiro por exemplo, reduzir a infraestrutura contratada.

A capacidade do Cloud é fantástica, uma vez que pode disponibilizar serviços de acordo com a demanda, teoricamente a capacidade do Cloud é infinita, ou seja, o quanto o cliente necessita o mesmo pode ser disponibilizado, desde que o cliente possua orçamento para pagar.

Outro ponto importante do Cloud, é a redução da necessidade de se manter equipes de Tecnologia da Informação localmente nas empresas, uma vez que uma série de atividades antes executadas localmente pelos times de TI podem ser migradas para o provedor da infraestrutura, isto tem um impacto enorme por que o custo do capital humano é um dos mais altos nas empresas. A Cloud mantém uma infra de segurança que normalmente as empresas não teriam orçamento para pagar.

9.6 Capacidade Ilimitada de armazenamento

Este é um dos melhores benefícios de sistemas em nuvem, se paga simplesmente pelo que se usa, ou seja, o armazenamento pode ser otimizado, e a medida que precisamos de mais espaço pagamos mais, mas o contrário também é verdadeiro, se a empresa por algum motivo precisar desabilitar algum sistema resultará em um menor custo mensal.

O preço médio cobrado por provedores de nuvem é de 20 centavos de dólar por Gbyte transferido e de 15 centavos de dólar por Gbyte armazenado, isto significa que 1 TByte transferido em 24 horas tem um custo de duzentos dólares.

Os dados e os serviços em nuvem têm a grande vantagem de serem acessíveis remotamente, por outro lado existe a limitação da inovação, uma vez que o cliente acaba ficando focando no que os grandes provedores de nuvem venham a oferecer.

Uma das vantagens adicionais de se migrar um sistema para o Cloud é que a maior parte das aplicações são baseadas em web e, portanto, não é necessária uma máquina com grande poder computacional para acessá-las, isto implica em uma redução no investimento de hardware necessário para acessar os sistemas em nuvem, além disso o armazenamento dos dados pode estar todo na nuvem, minimizando os custos com discos locais.

Quando usamos uma aplicação baseada em nuvem acaba sendo ainda mais cômoda a questão da manutenção e atualizações, uma vez que o usuário não precisa se preocupar com isso, todas as vezes que acessamos uma aplicação web estamos acessando a última versão e normalmente não precisamos pagar pelo upgrade.

Além da capacidade de armazenamento quase que infinita disponibilizada pela nuvem não temos que nos preocupar se um disco de armazenamento se danifica por que os dados com certeza vão estar armazenados em outra localidade da nuvem, e continuaram a ser acessados, esta é uma grande vantagem se comparada a esquemas de armazenamento local.

A questão do trabalho colaborativo é ainda mais fácil, uma vez que vários membros da equipe podem compartilhar seus arquivos para trabalho em grupo independendo de onde fisicamente os mesmos estejam, é possível desta maneira criar grupos de trabalho em empresas multinacionais com participantes localizados em diferentes partes do mundo, sem a necessidade de enviar documentos por e-mail ou baixá-los localmente nas máquinas, tudo pode ser realizado por meio do acesso Web dos mesmos pelas aplicações Microsoft Office ou Google docs via navegador Internet.

9.7 Principais problemas da arquitetura em Cloud

Algumas das preocupações quanto a adoção de sistemas em nuvem são:

- **Privacidade**: como manter a privacidade dos dados na nuvem, este ponto é fundamental para trazer confiança a um sistema baseado em nuvem, atualmente este tema está em evidência por conta da Lei Geral de Proteção de Dados, em que um usuário pode solicitar que determinada informação pessoal seja removida da nuvem.

- **Controle dos dados**: devem haver processos para controlar o acesso as informações presentes no Cloud bem estabelecidos, lembramos que com o Cloud os dados podem ser acessados em qualquer lugar, a gerência é que para dados críticos a exigência que os dados sejam acessados apenas dos endereços IP da empresa por questões de segurança.

- **Tempos de resposta e SLA**: os sistemas em nuvem devem apresentar a mesma performance e tempo de resposta que um sistema local, isto impacta que o acesso a Internet deve ser de qualidade e em grandes corporações se justificaria a existência de um link dedicado com a infraestrutura do provedor de Cloud.
- **Rapidez e estabilidade do acesso Internet**: só é possível o uso desta infraestrutura com um sistema estável e com banda suficiente de internet, problemas de link e muita variação na velocidade de acesso pode prejudicar diretamente o uso destes sistemas e principalmente o acesso aos dados.

  Mesmo que o link seja de boa qualidade e velocidade, algumas aplicações podem apresentar uma latência maior hospedadas no Cloud se comparadas a serem hospedadas localmente, isto deve-se principalmente porque ainda é difícil garantir a qualidade de serviço nos enlaces de Internet, se pegarmos um dia ruim isto pode afetar em muito o tempo de resposta.
- **Suporte do provedor**: quando de alguma indisponibilidade dos sistemas, falha na infraestrutura, conectividade e acessos, o provedor de sistemas em nuvem precisa ter um suporte que atenda rapidamente aos problemas, isto impacta diretamente a qualidade dos serviços ofertados.
- **Infraestrutura de segurança**: o provedor de nuvem deve permitir oferecer aos seus clientes uma infraestrutura de segurança superior àquela que o cliente poderia ter se a infra fosse local, ou seja, tudo que é possível e necessário para manter um alto grau de integridade aos dados dos clientes deve ser ofertado, incluindo múltiplas camadas de proteção, o que torna-se essencial dada as crescentes ameaças presentes atualmente na Internet. Existe uma preocupação constante com este tema porque na maioria das vezes o provedor não fornece informações a respeito dos sistemas que utiliza e como garante a segurança dos dados.
- **Regulamentações e compliances**: o provedor deve seguir uma série de regulamentações relacionadas a privacidade dos dados, controles, normalmente estas regulações são exigidas pelo cliente como parte de um processo de certificação dos serviços prestados.
- **Disponibilidade e recuperação de desastres**: este é um ponto muito importante, como está e qual é a infraestrutura de backup, redundância no caso de falhas, softwares e sistemas podem falhar, existem datacenters backup, normalmente uma das maiores vantagens de um sistema em Cloud está relacionada diretamente com a alta disponibilidade que estes sistemas apresentam, por possuir uma infraestrutura com múltiplos datacenters localizados em diversas localidades do mundo.

Muitas vezes, não fica claro para o cliente quais os procedimentos de segurança e privacidade que o provedor de nuvem pode oferecer e nem tão pouco se os dados são armazenados no país ou fora, isto pode ter impacto principalmente para o uso em sistemas públicos de governos, uma vez que por tema legal muitas vezes não é possível armazenar informações de cidadãos fora do território nacional. Esta preocupação é devida ao cliente não saber exatamente quem e onde pode ter acessado as suas informações.

9.8 O futuro da computação em nuvem

Muitos estudiosos acreditam que o futuro não será formado apenas por sistemas em nuvem, mas por sistemas híbridos, ou seja, parte estará na nuvem e parte estará hospedado localmente nas empresas, um dos grandes motivos para que isto ocorra é justamente a preocupação com segurança e privacidade dos dados.

Esta preocupação é ainda mais forte se considerarmos os novos desafios relacionados a privacidade dos dados impostos pelas novas leis, como a Lei Geral de Privacidade de Dados (LGPD) que entrará em vigor no Brasil em 2020, esta lei impõem altas multas a empresas que não mantiverem os dados seguros e que não sigam as definições da lei, podendo afetar diretamente o negócio de computação em nuvem.

Enquanto que sistemas em nuvem privado devem reduzir sensivelmente dando ainda mais espaço a nuvens públicas.

VAMOS RECAPITULAR?

Neste novo capítulo foi apresentada a arquitetura em nuvem, os diferentes tipos, as vantagens, as desvantagens e o novo paradigma criado por esta tecnologia. O caminho a nuvem já demonstrou ser um caminho sem retorno e as organizações e os indivíduos usarão cada vez mais os sistemas em nuvem, aproveitando os benefícios trazidos por esta nova tecnologia, seja em elasticidade, pagar pelo que usar ou pela redução de custos, se comparados a infraestrutura tradicional.

AGORA É COM VOCÊ!

1. Cite três vantagens da adoção de sistemas em nuvem.
2. Compare nuvem privada com nuvem pública, quais as principais diferenças?
3. O que é o conceito SaaS? Explique.
4. Enumere três desvantagens de se utilizar uma infraestrutura em nuvem.
5. Qual das tecnologias a seguir é fundamental para a arquitetura em nuvem?
    a. Roteamento por prioridade.
    b. Virtualização.
    c. Triplo fator de autenticação.
    d. Discos com rotação dinâmica.
    e. Multiplexão.
6. Quanto é o custo médio do Gigabyte transmitido ao Cloud em dólar?
7. Por que os sistemas em Cloud não são tão usados e aplicados em países com pouca infraestrutura?
8. O que é trabalho colaborativo e como os sistemas em nuvem podem ajudar?

BIBLIOGRAFIA

KUROSE, J. F.; ROSS, K. **Redes de computadores e a internet.** 5. ed. São Paulo: Pearson Education do Brasil, 2011.

MARIN, P. S. **Cabeamento estruturado:** desvendando cada passo: do projeto à instalação. 4. ed. São Paulo: Érica, 2013.

MORAES, A. F. **Redes de computadores:** fundamentos. 7. ed. São Paulo: Érica, 2010.

_____. **Redes sem fio**: instalação, configuração e segurança. São Paulo: Érica, 2010.

MORAES, A. F.; CIRONE, A. **Redes de computadores:** da ethernet à internet. São Paulo: Érica, 2003.

SOUSA, L. B. **Projeto e implementação de redes.** 3. ed. São Paulo: Érica, 2013.

_____. **Redes de computadores:** guia total. São Paulo: Érica, 2009.

TANEMBAUM, A. S. **Computer networks.** 5. ed. Amsterdam: Prentice Hall-Vrije University, 2010.

Sites consultados

ABNT. Disponível em: <http://www.abnt.org.br/>. Acesso em: 16 dez. 2019.

ALCATEL-LUCENT. Disponível em: <https://www.al-enterprise.com/>. Acesso em: 16 dez. 2019.

CAPES. Disponível em: <http://www.periodicos.capes.gov.br/>. Acesso em: 16 dez. 2019.

CISCO. Disponível em: <https://www.cisco.com/c/en/us/index.html>. Acesso em: 16 dez. 2019.

EIA ELECTRONIC INDUSTRIES ALLIANCE STANDARDS. Disponível em: <https://bit.ly/36PNI4j>. Acesso em: 16 dez. 2019.

ERICSSON. Disponível em: <https://www.ericsson.com/en>. Acesso em: 16 dez. 2019.

FLUKENETWORKS. Disponível em: <https://bit.ly/36G1UMU>. Acesso em: 16 dez. 2019.

HP. Disponível em: <https://www8.hp.com/br/pt/home.html>. Acesso em: 16 de. 2019.

IEEE STANDARDS ASSOCIATION. Disponível em: <https://standards.ieee.org/>. Acesso em: 16 dez. 2019.

LINKSYS. Disponível em: <https://www.linksys.com/us/>. Acesso em: 16 dez. 2019.

MCAFEE. Disponível em: <https://bit.ly/34nswks>. Acesso em: 16 dez. 2019.

MOTOROLASOLUTIONS. Disponível em: <https://www.motorolasolutions.com/en_us/products.html>. Acesso em: 12 dez. 2019.

NETGEAR. Disponível em: <http://www.netgear.com/home/products/networking/wifi-routers/>. Acesso em: 16 dez. 2019.

NETSTUMBLER. Disponível em: <https://bit.ly/2EjeTYW>. Acesso em: 16 dez. 2019.

PROXIM. Disponível em: <http://www.proxim.com/products/point-to-point-backhaul>. Acesso em: 16 dez. 2019.

RSA SECURITY ANALYTICS. Disponível em: <httpps://bit.ly/2PnT7JI>. Acesso em: 16 dez. 2019.

SANS TECHNOLOGY INSTITUTE. Disponível em: <https://www.sans.edu/cyber-research>. Acesso em: 16 dez. 2019.

SMC NETWORKS. Disponível em: <https://na.smc.com/>. Acesso em: 16 dez. 2019.

SONICWALL. Disponível em: <https://www.sonicwall.com/pt-br/>. Acesso em: 16 deze. 2019.

THE FIBER OPTIC ASSOCIATION. Disponível em: <https://www.thefoa.org/>. Acesso em: 16 dez. 2019.

VERISIGNINC. Disponível em: <https://www.verisign.com/>. Acesso em: 16 dez. 2019.

WHATIS. Disponível em: <http://whatis.techtarget.com/search/query?q=POE>. Acesso em: 16 dez. 2019.

WI-FI. Disponível em: <http://www.wi-fi.org/certification>. Acesso em: 16 dez. 2019.

Marcas registradas

Apple Talk é marca registrada Apple.

MAX TNT e Orinoco são marcas registradas Lucent Technologies.

IOS é marca registrada Cisco Systems.

Windows é marca registrada Microsoft.

Netware é marca registrada Novell.

Lantastic é marca registrada Converging Technologies.

SNA, Netbios são marcas registradas IBM.

Decnet é marca registrada Digital.

Todos os demais nomes registrados, marcas registradas ou direitos de uso citados neste livro pertencem aos seus respectivos proprietários.